I0122851

PIÊRE DE LA LOJE

GLOSSAIRE DU BAS. BÈRI

(INDRE)

Cet Ouvraje peut en outre être consulté pour le Cher, et en général pour tout le Centre de la Franse

Il paraît un facicule chaque mois; aucun n'est vandu séparémant

Abonemant aus 12 premiers facicules : 3 fr. 50

1

PARIS
Emile BOUILLON, Éditeur
67, rue Richelieu, 67

1891

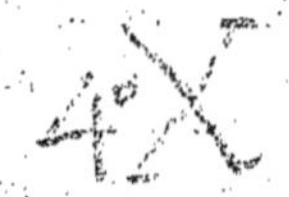

ABRÉVIACIONS PRINCIPALES

(Ch) ou Ch.	Chantôme.	(Ic) ou Ic.	Issoudun campagne.
(Ch-s-I) ou Ch.-s-I. .	Châtillon-sur-Indre.	Lat	Latin.
Com	Comune.	Sin	Sinonime.
Contr.	Contraire.	(S) ou S.	Sud.
(I) ou I.	Issoudun.	V. fr.	Vieus fransais.

NOTA. — Chantôme est une petite comune qui touche le départemant de la Creuse ; èle fait partie du canton d'Eguzon et apartenait autrefois a la provinse de la Marche. La populacion y est bilingue, cêtadire que les gens y parlent patois entre eus et fransais avec les étrangers.

Les mos précédés d'un astérisque sont les mos patois ; le bèrichon-marchois est le parler de Chantôme ou des environs.

— Je recevrai avec reconaisanse toutes les comunicacions que l'on voudra bien me faire.

P. DE LA L.

GLOSSAIRE DU BAS BÊRI

A

REMARQUES

Suprécion de la lètre A

FRANSAIS	BÊRICHON	BÊRICHON – MARCHOIS
Aléxandre.	Léxande.	Léxande.
Aléxis.	Léxis.	Léxis.
Papa.	P'pa.	P'pa.
Maman.	M'man.	M'man.
Entamer.	Ent'mer.	Étanna.
Chantera, finira, etc.	Chant'ra, finira.	Chanter', finir'.
(Toile d'araignée).	Arantèle.	Rantèle.

Equivalanses du son A

FRANSAIS	BÊRICHON	BÊRICHON – MARCHOIS
Abel.	Abel.	Âbel.
Abreuver.	Embreuver (la lessive).	»
Agneau.	Igneau.	Igneù.
Ajon.	Ojon.	Ajon.
Asperje.	Esparje.	Asperje.
Avail (n. de lieu).	Anvail.	»
Avaler.	Envaler.	Avaler.
Avec.	Anvec.	Avec.
Fame.	Fame.	Fanne ou finne (an et in lons).
Gas.	Gas.	Ghè (g sec).
La (adv.).	La.	Lè.
Lamèle.	Alumèle (de couteau).	Lumèle.
Nasse.	Nanse.	(Boérole, é long).
Pacaje.	Pâcaje.	Pacaje.
Païen.	Péien.	»
Panier.	Pégnier.	Péner.
Pardon.	Pardon.	Pèrdon.
Pate de loup (plante).	»	Pote de loup.
Varlope.	Vérlope.	Verlope (ve-rlope).
Charité.	Chérité.	Chérité.
Charité (n. de lieu).	Chérité.	»
Jeane.	Jeanne.	Jane.
Déclarer.	Déclairer.	Dékiaira.
Lézard.	Lizard.	Lizè.
Lucarne.	Lucarne.	Lukèrne.
Nicolas.	Colis.	Colis.

Adicion de la lètre A

FRANSAIS	BÊRICHON	BÊRICHON – MARCHOIS
Biberon.	»	Abron.
Chaus.	Achaus.	Chaus.
Cribler.	Cribler.	Acrubia.
Cloizon.	(Marèle).	Acloëzon.
Conaître.	Conaîte.	Aconaîte.
Gland.	Alan.	Aghian, aglan alan.
Grue.	Grue.	Agrue.
Leste.	Lesse.	Aleste.
Lamèle.	Alumèle.	Lumèle.
Mûre (fruit de la ronse).	Môze (Vatan).	Amoure.
Rayée (de soleil).	Rayée.	Arayée.
Ronse.	Aronse, éronse.	Éronde.
Rôzée.	Aroûzée.	Roûzade.
Ruèle.	Aruèle (ou aruète).	Arouète.
Sêrer (les poules).	Sêrer.	Assêra.
(Tartine).	Graissée.	Agraissade.
Toucher.	Toucher.	Atoucha.

Equivalanses du son AI

FRANSAIS	BÊRICHON	BÊRICHON – MARCHOIS
Aider.	Aider.	Eúda.
Aigne.	Ingne.	»
Aime.	Ainme, eume.	»
Air.	Ar (prononsiacion des ansiens).	Air.
Hais.	Hais.	Hais.
Faine	»	Fouine.
Laine.	Lainne.	Lane.
Maire.	Mére (é long).	Mére (é long).
Maizon.	Mainzon.	Mézon (é long).
Naine.	Nine.	Nine.
Raie.	Rae.	Réje.
Raizin.	Razin.	Rozin.
Saigne.	Saingne.	Saingne (ain long).
Saigner.	Saigner.	Saingna (ain long).
Braize.	Bréze (é long).	Braze.
Clair.	Clair.	Kiair.
Claire.	Clére (é long).	Kiaire.
Vrai.	Vrai (dans un vrai boun houme).	»
Chantai, manjai, etc.	»	Chantis, manjis.
Araignée.	Arignée.	Araignée.
Châtaigne.	Châtaingne.	Châtagne (ou chatigne).
Châtaine (f. de châtain).	Châtine.	Châtine.
Coudraie (n. de lieu).	Coudrae.	»
Germaine.	Gearmine.	Gèrmine.
Jeunevraie (n. de lieu).	Jeunevrae.	»
Semaine.	Semainne.	Semane.

Equivalanses du son AIL

FRANSAIS	BÊRICHON	BÊRICHON – MARCHOIS
Aille (que j').	Ale (que j').	»
Vaille (que je).	Vale (que je).	»
Mailloche.	Maloche.	Mailloche.
Ouaille.	Oueille.	Oueille.
Poitrail.	Potral.	Potral.
Portail.	Portal.	»

Equivalanses du son AIN

FRANSAIS	BÊRICHON	BÊRICHON – MARCHOIS
Faim.	Faim.	Fam (fan).
Main.	Main.	Man.
Pain.	Pain.	Pan.
Sain.	Sain.	San.

Equivalanses du son AN (ou EN)

FRANSAIS	BÊRICHON	BÊRICHON – MARCHOIS
Encore.	Aucore.	Encore.
Anglards (n. de lieu).	»	Inlla (in-ya).
Bander.	Bander.	Binda.
Danrée.	Dârée	»
Genre.	Geâre (des gens de tout).	»
Langue.	Langue.	Lingue.
Pantalon.	Pâtalon.	Pantalon.
Santorée.	Sintorée	Sintorée.
Santir.	Santi.	Sinti.
Vantre.	Vante.	Vinte.
Granje.	Granje.	Grinje.
Prandre, aprandre.	Prande, aprande.	Pinre, Apinre.
Chahuant.	Chavant.	Chapuin.
Fromant.	Fromant.	Froumint.
Jumant.	J'mant.	J'min.

Equivalanses du son AU (ou EAU)

FRANSAIS.	BÊRICHON	BÊRICHON – MARCHOIS
*A*urai, *au*rais.	*A*rai, *a*rais.	*Au*rai, àille.
Fa*u*teuil.	Fonteuil.	»
Pa*u*vre.	Poure (devant un autre mot).	Pôre. (devant un autre mot.
Ép*au*le.	Ép*au*le.	Ép*a*le
Eau.	*Iau.*	(Aigue).
Se*au*.	Si*au*.	Si*au*.
Agne*au*.	Igne*au*.	Igneù.
Boul*eau*.	(Boulat).	(P'top).
Câr*eau* (du) (au jeu de cartes).	Car*eau* (*eau* long, come *haut*).	Car*eau* (*eau* long, come *haut*).
Cout*eau*.	Cout*iau*.	Couteù.
Mart*eau*.	Mart*iau*.	Marteù.
Oiz*eau*.	Oèz*iau*.	Euzeù.

Suprécion du son AU

*Au*guste, *Au*gustine.	Gusse, Gustine.	Guste, Gustine.

Equivalanse du son AY (ÉI)

P*ay*zan.	Pézant (*é* long).	Pézant (*é* long).

A, *pr*. Èle et èles sujet, devant une consone. *A vint* (vient). *A m'nont* (viènent).

— Le pr. *a*, come le pr. *i* ou *il*, dans presque toutes les frazes, figure après le sujet, que ce sujet soit un n. ou un pr. L'école *a c'mance* a huit *heûres*. — *I s'avait* point trompé *l'meûgnier*. Il a pris *én' boun' p'tit' fam' qu'a soingn' bin* ses cochons et *pis qu'*a laiss' point *d'avantèl's* dans la *mainzon*. (*Réveil de la Gaule*, juin 1889). — En fr. on dirait *l'école comanse, une bone petite fame qui soigne bien, qui ne laisse point*, etc. Pour moi, ce pr. qu'on pourait apeler parazite fait bien : il done du cors à la fraze.

— Sin. *Ale*.

— V. Ièlé, eûles et zèle.

A, *pr*. La (Ch). *Voéci* sa *blouz', pôré*-vous *ya fére* (ou *lui a fére*) ?

— Nous dirions en fr. « *la lui* faire ». Dans le patois de la réjion lionaize, dit M. L. Clédat, on place encore, dans ces sortes de frazes, *lui* avant *la*. Au moyen âge, il en était de même :

Done *li la* par la toë mercit. (*Vie de saint Alexis*, XIe sièle.)

A, *prép*. Cète prép. se suprime dans un assez grand nombre de mos compozés : *Cévié'-roulète* (civière a roulète, brouète), *moulin-vant*, *Moulin-drâs* (nom d'un moulin près d'Issoudun, désigné sous le nom de Moulin a dras), *pain-cacheler*, *pégnier-vandanjer* (Ic) ; *pain-cacheta* (Ch). Èle se suprime aussi dans un assez grand nombre de propozicions. C'est bon *rin*, *I yeus* en a *douné châcun* un plein vêre ; Quand *ou vint* (vient) vieus, *oul* est *pus* bon *rin* (Ic). — Ambrault, *l'mond' sont bin malureus*, les *câriér's* vont pas du tout, *parsoun' travaill'*, tout *l'mond' charch'* du pain. Ambrault, *iz ont* tous vandu *yeu mobiyer*, les *ch'vaus* et *voétur's*. (*Réveil de la Gaule*, mars 1889.) — *O yous* en a *douna chacnun* un *plein vêre* (Ch).

— La prép. a se trouve aussi dans un certain nombre de noms compozés et de propozicions, ou èle est inconue en fr. moderne : Fête-a-Dieu, Il tire a *c'l'année* (Ic) ; Fête-a-*Ghieu*, *Iai* pas *d'quoé a las* (ou *los*) *nôri* (je n'ai pas pas de quoi les nourir), Santir a bon, *a* mauvais, *Ou sint a las* alumètes (ça sant les alumètes), *Iai raconta* tout *couqui* a chez *min* (j'ai raconté tout cela chez moi), *Ous souét'ré l'*bonjour a chez nous (vous souhaiterez le bonjour chez nous), *Iai bel a yi* dire (j'ai beau le lui dire), *O tire a quièle* anée (il tire cète anée), *Oz est vingu a l'aut' jou* (il est venu l'autre jour), *A fine a forse* (a fin' forse, Ic ; a forse, fr.) (Ch).

— Sin. *Az*.

Aban, *adj.* des deus g. (de ban, haut alemand, *bannan* ; a raprocher de *forban*). Se dit d'une persone, d'un animal dont la gourmandize est grossière, éhontée (Ic). *L'*chien du facteur est *tél'mant aban qu'i* m'a pris un poulet a la broche.

— Sin. *aloubri, aloui, dessolu, goulafre, safre, aval'-tout-cru*.

Âbe, *n. m.* Arbre.

— Trambler *coum'* la *feuill' sus l'âbe* (ou simplemant *coum'* la feuille), trambler beaucoup.

***Abola**, *v. a.* Doner. *Abol'-meu couqui*.

— V. Aboler et Abouler.

Aboler, *Abola* fransizé.

Abonde, *n. f.* (tiré de abonder). Ce qui augmante (Ic). *Faura mèt' dé l'ozeill'* dans les eus, ça *fra d'l'abonde*.

— Abondanse dans les récoltes. *Ya-t-i d'l'abonde a c't'année ?*

Aborjouner, *v. n.* (de borjon). Àler de plus en plus court, en parlant surtout des raies de charue sur un terain en pointe (Ic). *V'la qu'ça aborjoune : j'en ons* pas pour *lontâns* a prézant.

Abouler. Même significacion qu'*Abola* (Ch-s-I).

Abourer, *v. a.* Abatre, jeter a bas. *Faura abourer c'te vieill' mâzure.*

— S'abourer, *v. pr.* S'abatre. La *mainzon a* s'est *abourée*.

***Abricha**, *v. a.* (de abri). Couvrir pour garantir du froid.

— S'abricha, *v. pr.* Se couvrir pour se garantir du froid.

— Ne pas confondre *s'abricha* avec *s'abrita* (se garantir contre la pluie).

Abricher, *v. a. Abricha* fransizé.

Abron, *n. m.* (de *biber* ; *abron*, frère populaire de *biberon*). Tétine (Ch).

— Par extansion, mamèle (Ch).

— Facézieuzemant, mamèle de l'espèce humaine (Ch). *Quièl'* fille *ale* a *d'beùs abrons* (cète fille èle a de beaus seins).

Acachouner, *v. a.* (dér. de *cachon* ; a raprocher d'acachouner les mos lionais *acuchi*, mètre en tas et *acuchonno*, mètre en *cuchons*, en petis monseaus ; acuchi et acuchonno dérivent du lat. *collocare*, d'après E. Philippon, *Romania XX*). Mètre du foin, du trèfle, etc., à tas, après qu'il est fané (Ic).

— V. n. *A c'soèr faura j'acachounains.*

— Sin. *Amulocher*.

Achète, *n. f.* (lat. *lacertus*). Lézard gris (Ch).

— Sin. *Lizerne, lizète, rapiète, lizè*.

Aconaître, *v. a.* Conaitre (Ch).

L'un d'iceulz s'aprocha du maistre
D'hostel, et se fit *acongnoistre*.

(Villon ?)

Aconcrir, *v. a.* (de créer). Faire naître (Ic). La *rivière ale aconcrit un' foul' dé p'tit's* bêtes.

Acoter, *v. a.* (de *cote*, signifiant coude ; acoter est un frère de acouder). Fermer avec sûreté, mais sans sérure, les portes, les volés. On acote, par éxample avec une cheville. En entandant *l'brut qu'*les chiens *i faizaint*, j'ai sauté a bas du lit sans *prand'* mon cotillon et j'ai été *acoter* ma porte : j'pansais aus voleurs.

— Sin. *bârer*.

— Contr. *décoter, dézacoter, débârer*.

— Acoter, *v. a*. Mètre un apui. *Faurait qué c'p'tit âb' sèye acoté*.

Acrapauder (s'), *v. pr.* (de crapaud). S'acroupir (Ic). *Aussitoût qu'*a m'a vu, *a* s'est *acrapaudé* dans un *déchâus*.

***Acribia** ou **acrubia**, *v. a.* (de *criblle* ou *crùblle*). Passer au crible.

— Fig. Perser de trous. *Ti* l'as *acrubiad' quièl' lèbe* (tu l'as criblé ce lièvre).

Açteûre, *adv.* (orijinairemant *a cète heure*, come *alor* orij. *a l' ore* : *l'* adj. dém. afaibli). Alor, maintenant, a prézant (Ic). *Açteûr'*, *j'dis pus rin*. — C'est *bin* d'ma *faut'*, son *p'pa* m'en avait fait la *d'mand'*, *jé l'*trouvais pas assez riche ; *j'seus-ti bin* campé *açteûre* ! (*Réveil de la Gaule*, juin 1891).

Acueillaje, *n. m.* (de *acueillir*). Louaje des domestiques (Ic).

— Sin. *Foére aus valés* et *loue*.

Acueilli, *v. a.* Louer un domestique ou une servante pour un certain tans, ordinairemant de la Saint-Jean à la Toussaint ou de la Toussaint à la Saint-Jean ; dans le premier cas, on loue pour *les quat' moés*, dans le segond, pour *les huit moés*. Les filles se louent ordinairemant pour un an, a la Saint-Jean (Ic).

— S'acueilli, *v. pr.* Se louer.

Adeu, *n. m.* Orvet (Ch).

Si l'*adeu* avait des yeus
Et l'serpant des dans,
Yaurait ni bêt's ni gens. (*Adaje*).

— Sin. *Langou, neuil*.

Adou, *n. m.* Ados, cètadire bande étroite de têrain qui s'élève au milieu d'une têre labourée ou non (Ic). Dans pluzieurs endrois de l'Indre on voit come un *adou* au milieu des chams : c'est une trace d'ansiène voie romaine qu'on apèle *luée d'Cézar*.

— Contr. *Rae*.

Afaîtaje, *n. m.* (de faîte). La partie supérieure d'une charje, d'un tas de quelque choze (Ic). *L'afaîtaj' dé c'té meul' dé blé, il* est mal fait.

Afaîter, *v. a.* (de faîte). Former le faîte de quelque choze. Une persone qui achète des pomes de têre, par éxample, peut dire : Faut *bin afaîter l'boéssiau*.

— Contr. *Dézafaîter*.

— Fam. *Ét' bin* ou mal *afaîté*, être bien ou mal coifé.

Aférdiller, *v. a.* (pron. afé-rdi-yé ; rad. *frét*, froid). Provoquer le froid (Ic). La *pleu' qu'a* tombé, a m'a *toute aférdillée*.

Afiner, *v. a.* Tromper par plaizanterie.

— Sin. *Arouter*.

Afouler, *v. n.* Avorter, en parlant des animaus (Ic).

— Par extansion et fam. ou malonêtemant, s'emploie pour l'espèce humaine. Si tu fais *afouler* ma fame (dizait un jour un home d'Issoudun a un de ses amis), *faura qu'*tu la *ramplisses*.

— *V. a.* Faire avorter.

— S'afouler, *v. pr.* Avorter.

— Afouler, *v. a.* Empêcher, en parlant des fruis ou légumes, d'ariver a maturité. *Cueilli* des *poum's t'taleûr'*, c'est les *afouler*.

— Sin. *Défouler* et *défruter*.

Afourer, *v. a.* (de *forre*, ansiènemant fouraje, du latin *fodrum*, dans les textes carlovinjiens). Doner du fouraje (paille ou foin) aus bestiaus (Ic). *J'ai afouré* les moutons.

— S'afourer, *v. pr.* Manjer goulumant ou avec grand apétit. *J'seus* en train *d'm'afourer*.

Afilée (d'), *loc. adv.* (de file). L'un après l'autre et sans intérupsion. Il a bu *troés gout's d'afilée*.

Afranchir, *v. a.* (de franc, du latin *francus*, dérivé de l'ansien haut alemand *franco*, home libre). Châtrer (S).

— Plus poli que châtrer.

Afranchisseur, *n. m.* Celui qui fait le métier de châtrer les animaus (S).

— Sin. *Châtreus*.

Afût. Aler à l'afût aus *chapiaus*, s'embusquer au bord d'un chemin pour arêter les passans (Ic).

— D'afût, *loc. adv.* Solide, bien planté, dispos, fort, gros (persones et chozes). C'est un gas *d'afût* (ou c'est un gas qui est..., etc.).

— Sin. *D'ataque*.

— D'afût, *loc. adv.* En parlant des chozes, pozé solidemant. Ta *tab'* est *'guér' d'afût* : ya un pied qui *touch'* pas.

— Sin. *D'aplomb*.

Afûtiot, *n. m.* Bagatèle, choze de peu de valeur (Ic). *Qui qu'c'est qu'ça qué c't'afûtiot* la ?

Afûter, *v. a.* (de afût). Mètre en joue (Ic).

— Epier. *L'chat afûte un'* souris.

Aga ! *int.* (altéracion de regarde, prononsé souvant *argade*). Sert a écsiter un chien contre un autre ou contre une persone (Ic).

— Sert encore a éxprimer la surprize. *Aga* ! c'est *loé*, ma *grouss'* Louize.

— Signifie aussi *regarde, vois*. *Aga don c'qué* j'ai trouvé.

Aga, *n. f.* Petite bille de vêre qui a des filés de couleur intérieuremant et que les gamins emploient dans leurs jeus (Ch-s-I).

— Sin. *Aigade, boulet, canèle, chique*.

Agacia. Prononsiacion de acacia,

Aghérianse, *n. f.* (a raprocher de *agréable* qu'on pron. *aghériabe*). Choze délectable, suave, céleste, divine. *Quand qu'al'* a dit : A *voul'* santé, Labrande, j'ai dit : *Marsi, pareill'mant*, et *pis* j'ai *santu* des *aghérians's sus l'cœur quand qu'j'*ai vidé mon vêre. (*Réveil de la Gaule*, mai 1891).

Aghérouïde, *adj.* (a raprocher de *ghérouée*). Se dit d'une poule qui est sur des eus (Ch).

Aghiand, agland, aïan, *n. m.* (lat. *glandem*). Gland (fruit du chêne ; — Ch).

Aghiati, aglati, aïati, *v. a.* (de *glaize*, latin du moyen-âje *glitea*, de *glitem*, dans Isidore de Séville). Aplatir en randant compacte come de la glaize (Ch). *C'té* galète est trop *aglatie.*

Agravé, ée, *part. passé du v. s'agraver.* S'emploie adjectiv. Qui a un petit caillou (ou gravier) dans le pied (Ic). Ton *ch'vau* est *agravé.*

Agraver (s'), *v. pr.* (de *grave*, dans notre ansiène langue, gros sable mêlé de caillous). S'enfoncer un gravier dans le pied, en parlant des animaus.

— AGRAVER, *v. a.* Faire s'agraver.

— Fam., s'agraver et agraver s'emploie pour l'espèce humaine.

Agré, *n. m.* (de agréer). Consantemant, aprobacion (S). J'vous vans *c'te vach'* deus cens fr., mais *j'rézerv'* l'*agré* d'mon *beau-pére.*

Agron, *n. m.* (v. fr. *aigre, aigron*, lat. *aigronem*, dérivé de l'ansien haut alemand *heigro*, héron). Héron (Gargilesse).

— Sin. *Aîgron.*

Aguë, *n. f.* (*g* mouillé ; lat. *acucla*, contracsion de *acucula*, double forme de *acicula*, diminutif de *acus*, aiguille). Aiguille (Ch). A Ic. ne s'emploie plus que par les vieus.

Agrôle, *n. f.* Corbeau (Ch). En *v'la un' nué' d'agrôles* !

Agrue, *n. f.* Grue (S).

Aïder, *v. a.* (pron. a-yi-dé ; lat. *adjutare*, dans Varron et dans Térence, plus tard *ajutare*, qu'il faut écrire *aiutare*, puisque les Latins prononsaient *i* le *j* placé entre deux voyèles). Aider (Ic). Veus-tu, *Clémans'*, *que j't'aïde* a *afourer* tes *oueilles ?*

E cil en suspirant li dist :
« Sire, si m'*ait* Jhesu Crist,
Li premiers qui est ci escriz,
C'est li quens Johan vostre fiz. »
(*Vie de Guillaume le Maréchal*, XIIIe siècle).

Et celui-ci en soupirant lui dit : « Sire, si Jésus-Crit m'aide, le premier qui est ici inscrit, c'est le conte Jean votre fis. »

Aïète, *n. f.* (altéracion de layète, propremant caisse; encore au sans de tiroir dans layète d'archives ; diminutif de l'ansien fr. *laye*, caisse, qui est d'orijine germanique : alemand *lade*, boîte, caisse). Tiroir (Ic). *Charch' don* dans *l'aïèt' dé l'armoèz'*, Marie, tu *pranras c'qu'i t'*faut pour *té* payer.

— Sin. *Yète* et *tirète.*

Aigade, *n. f.* (de *aigue*, eau). Eau miélée (Ch).

Aigade, *n. f.* Petite bille de vêre servant à des jeus d'enfans (Ch).

— Sin. *Aga, boulet, canète, chique.*

Aighiace, *n. f.* (*g* mouillé). Pie (Ic).

— Sin. *Ajace, ajaçou, margot.*

Aigrètes, *n. f. pl.* Aigreurs qui montent de l'estomac a la bouche (Ic).

Aigue (on pron. souvent *égue*), *n. f.* (lat. *aqua*, eau). Eau (S).

— Sin. *Iau.*

— *Delaigue*, n. de famille assez comun dans le dép. de l'Indre.

— *Aigue-Joignant* (com. de Saint-Hilaire), *l'Aiguefrix* (com. de Lignac), *la Mortaigue* (com. de Sainte-Lizaigne), n. de lieus (Indre).

Aiguille, *n. f.* Timon de voiture a beus (S).

Aiguillée, *n. f.* Aiguillade (Ch).

— Pour les persones de Ch. la terminaizon *ade* indiquant le patois, quand ils fransizent un mot ils mètent à la place de *ade* la terminaizon fr. *ée* : d'ou *aiguillée* pour *aiguillade*, et croient ainsi mieus parler ; ils dizent de même *nouzillée* pour *nouzillade.*

Ail. Ce mot est fait du f.

— V. FÉMININ.

— Méchant *coume une ail*, loc. proverbiale. Emporté, colère (Ic).

Aille ou **ille !** *int.* (pron. a-ye, i-ye, come dans paille et fille ; doit venir du v. aler). Sert à comander aus chevaus de marcher. *Aill' deu, vieill' rosse !* (Deu, donc).

— Sert encore à écsiter des gamins ou même des grandes persones à se batre (S).

Aillée, *n. f.* (pron. a-yée). Plate-bande plantée d'ails (Ch-s-I).

Pour avouèr un' bèle *aillée*.
Faut qu' la Toussaint la trouv' levée. (*Dicton*).

Aillou, *n. m.* (pron. a-you), sorte d'ail sauvage (Ic).

* **Aillou**, *adv. de l.* (lat. *Aliorsum*, ver un autre lieu). Ailleur.

Air. Ce mot est fait du *f.* A la *bèle* air. *C'té* chanson a *un' bèle* air.

— V. FÉMININ.

Ajace, *n. f.* Sin. d'*aighiace* (Ch).

— AJACE, *n. f.* Sorte de danse sautillante (S). Les poètes populaires ont compozé sur l'air de cète danse plusieur couplés que j'ai entendu chanter, en voici deus :

Yen a iune, yen a deus ;
C'est la *pus jeun'* c'est la *pus jeune* ;
Yen a iune, yen a deus,
C'est la *pus jeun'* qui *dans'* la mieus.

Oet Châtin, quio grand *bordin* ;
O m' l'a *magna, o m'* l'a *magna* ;
Oet Châtin, quio grand *bordin*,
O m' l'a *magna* jeudi matin.

— *Oet*, c'est ; *quio*, ce ; *bordin*, badaud ; *o*, il ; *magna*, manier.

Ajaçou, *n. m.* Mâle de l'ajace (S).

Aje, *n. f.* (basse latinité *agia* ou *ajia*). Forêt, bois, clôture. Ce terme doit être disparu du langaje courant ; mais il reste come nom d'un grand nombre de localités, avec l'article s. ou pl., dans les com. suivantes : Diors, Fougerolles, Jeu-les-Bois, Montchévrier, Parnac, Prissac, Beaulieu, Lignac, Baraize, Chantôme, Bélabre, Le Blanc, Mauvières, Argenton. On remarquera que la com. la plus au nord est Diors, qui ne dépasse pas le centre du dép.

— *Delage*, n. de famille assez comun (S).

Âje (d'), *loc. adv.* Âjé. *C'est-i* pas honteux *d'fér'* des *afér's pareill's*, a un *houm'* *d'âje, aucore* !

Ajeter, *v. a.* (pron. a-j-*té*). — Sin. d'*ajita* (Ic).

Ajilan, *n. m.* Ce qu'on done come étrènes (Ic).

— Sin. *Aguillanneu.*

***Ajita**, *v. a.* (bas-latin *accaptare*, aquérir, composé du lat. classique *captare*, prandre ; provansal *acaptar*, v. fr. *achater* et *acater*). Acheter. *Prètè-m' don vint sous, Maît', per qu'iajit das jar'tères.* — *V'la, ma grouss' fille !*

Ajiter, *ajita* fransizé.

Ajout, *n. m.* Le lait qu'on vient de traire (Ch).

— Sin. *Ajus* (d'après le comte Jaubert).

***Ajoûta**, *v. a.* (patois auvergnat *adjeuda*). Traire.

— *V. n.* Même sans.

Ajoûter, *ajoûta* fransizé.

— Sin. *Ajuter* (d'après le comte Jaubert) et *tirer*.

Ajuter. V. AJOUTER.

Al, *art. contracté* (a l'orijine a *le*). S'emploie quelquefois pour *au* (S). **I vous pri' d'alande al fermaj' de l'ané' qu'vint.*

Rolanz reguardet Olivier *al* visage. (*Chanson de Roland*, XIe siècle).

(Prononsez Rolanz *regarde...*)

Alâchiner (s'), *v. pr.* (de *lâche*, mou, fainéant). Se laisser aler à ne rien faire (Ic). *Pus ou s'alâchin', pus oul aimme a s'alâchiner.*

Alarte, *adj.* (de l'italien *all'erte*, garde a vous). Alerte (Ic). *Ale* est *bin alarte.*

Alas ! *int.* (pron. *a-lâ* ; tiré de *ha ! las !* Las, lat. *lassus*, maleureus ; alas frère de *hélas*; qui a l'orijine servait lui-même a exprimer la douleur fizique). S'emploie quand on se fait mal ou qu'on soufre.

— Se trouve avec le sans de hélas dans le *Roman de Renart* :

Ha las ! dit Belin que ferons ?
Tuit somes pris sanz nul retor.

— Sin. *alasvalas*.

Alasvalas ! *int.* (*alas*, *alas* avec un *v* eufonique). Même significacion que *alas*, mais est plus énerjique (Ic).

Albert. Le Grand et le Petit Albert, livres de sorsélerie qui enseignent, prétant-on dans les campagnes, des chozes surprenantes.

Ale, *n. f.* (lat. *ala*). Aile.

Ale, *pr.* Èle et èles sujet, devant une voyèle. *Ale* est jolie, *ale* ont fini.

Alez-vous-en, les gens des noces,
Alez-vous-en, châcnun cheus vous ;
Si la mariée *ale* est malade,
Éj' la métrons au lit sans vous. (*Couplet populaire*).

Où qu' tu vas,
Nicolas ?
Alle est partie ta maitresse.
Ah !
Tant pis pour toi, Nicolas. (Albert LIGER).

Aler, *v. n.* (v. fr. *aler* et *aner*, du lat. mérovinjien *anare* qui n'est lui-même que l'adoucissemant du lat. classique *adnare*, venir). Même significacion qu'en fr.

— Conjug. d'Ic. : *J'vas*, tu vas, *i va*, *j'alons*, *v'alez*, *il alont* ou *i vont* ; j'alais, *j'alains*, *v'alez*, *il alint* ; *j'seus* alé, pas de passé défini ; j'irais, *j'irains*, *v'irez*, *il iraint* ; que j'ale, etc. ; *qu' j'alains*, *qu' v'alez*, qu'*il alint* ; pas d'imparfait. Partout ailleur come en fr.

— Sin. *na*.

— Aler pour parler, pour dire quelque choze, avoir la langue levée pour prandre la parole. J'alais pour vous le dire.

Aleste, *adj.* (en italien *lesto*, en espagnol *listo*, mot d'orijine germanique : alemand *listig*, habile). Leste (S).

— Sin. *lesse*.

Aléyer, *v. a.* Doner son lait, en parlant d'une vache (Chabris).

— *V. n.* Même sans.

— Sin. *avier*.

Aléyer, *v. a.* (mot d'orijine germanique : hollandais *laken*, retrancher). Elaguer (Ic). *Faura vous occuper d' fère aléyer les âbes.* (*Réveil de la Gaule*, mars 1889).

Alicher, *v. a.* (de *licher*). Atirer par la friandize, par quelque chose d'agréable au goût ou au sizième sans. S'emploie pour les bestiaus et pour les persones. A prézant qu'*ale* en sont *alichées*, c'est pas facile de *yeus* empêcher d'y retourner.

Alizer, *v. a.* (ansien fr. *alis*, uni ; espagnol *alisar*, randre uni). Randre uni, lisse, poli par l'uzaje (Ic. et environs d'Argenton). La route *neue* est déja tout *alizée*.

— S'ALIZER, *v. pr.* Se randre uni, etc.

— ALIZARD, n. de famille aus environs de La Châtre. Indique celui qui polit. Aurait pu être a l'orijine *Aliza* (celui qui est poli, lisse), ou *Lizard* (lézard), ou *L'Essart* (la brande).

Alochon, *n. m.* Barète de chaîne de montre (Ic).

Alordi, *v. a.* (de lourd). Etourdir. *I ya douné* un coup *d'* poing qui l'a' *alordi*.

Aloter, *v. a.* Enjôler (Ic). Les écrivains sentencieux de l'*Eclaireur* sont tout simplement des farceurs qui *alotent* le public et qui se moquent de lui. (*Echo des Marchés du Centre*, juin 1889).

Aloti, *adj.* (de lot). Etre bien ou mal aloti, avoir dans un partaje un bon ou mauvais lot, être bien ou mal partajé (Ch).

Aloui, *adj.* et *n.* Vorace, gourmand (St-Georges).

— Sin. *aban*, *aloubri*, *dessolu*, *goulafre*, *safre*, *aval'-tout-cru*.

Aloyard, *n. m.* Peuplier (Ic).

— Sin. *papélier*.

Aloubri, *adj.* des deux *g.* et *n.* Vorace, lubrique (Ic). *Qu'* c'est laid *d'* sauter *sus l'* pain *coume* un *aloubri*. *I dizont qu'ya* pas d'*aloubri* pareil.

— V. ALOUI.

Aluje, *n. f.* (mot d'orijine germanique : ansien haut alemand, *eliza*). Alize (Ch).

Alujier, *n. m.* Alizier (Ch).

Alumèle, *n. f.* (v. fr. *lemièle*, forme dialectale de *lamèle*). Petite lame, généralemant lame de couteau (Ic).

— Sin. *Lumèle*.

Amalicer, *v. a.* (de malice). Faire naître la colère, la haine, chez l'home come chez les animaus (Ch). *Amalicer* des guêpes.

— S'AMALICER, *v. pr.* Se mètre en colère, en haîne contre quelqu'un. **Si i fay' co, i s'amaliceryient encor' mais cont' min* (si je faizais ça, ils se métraient encore davantaje en colère contre moi).

Améyer, *v. a.* (v. fr. *esmaier*, italien *smagare* : compozé de *es* et de l'ansien haut alemand *magan*, pouvoir, propremant perdre toute forse : *ex*). Efrayer, troubler, cauzer de l'émoi (environs de Charost).

— S'AMÉYER, *v. pr.* S'éfrayer, etc.

Et quant il sera jours, si me puis Diex aidier,
Ne sarai ou aler, ou avant ou *arier*,
Dont i a bien de quoi je me doie *esmaier*.
(*Berthe aux grands pieds*, XIIIe siècle).

— Sin. *Améger* (dans les poézies bérichones de Théophile Duchapt).

Ami. Amis *coum'* cochons, comparaizon ironique qu'on emploie pour deus amis qui ne peuvent se quiter. Au bout d'une *keûr, j'étains* amis *coume* cochons. — J'avais envie d'écrire *cochon*, car la terminaizon *on* est brève, ce qui n'a pas lieu dans *cochons*.

Amidon. Ce mot est fait du *f.*

— V. FÉMININ.

Amignauder, *v. a.* (rad. *mign...* d'orijine germanique : ansien haut alemand *minnia*, amour). Flater, caresser (Ic). Se prant souvent en mauvaise part. *S'i* continue a s'laisser *amignauder pa c'té drôyié'*, c'est *in* gas *pardu*.

— Sin. *Mignauder* et *amignouner*.

Amignauderie, *n. f.* (même rad. qu'*amignauder*). Acsion de celui ou cèle qui amignaude (Ic).

Amignouner, *v. a.* (même rad. qu'*amignauder*). Flater, caresser (Ic).

Amitieus, ze, *adj.* Qui a de l'amitié et qui le fait voir, qui prodigue des caresses (Ic). Un *p'tit* garson *bin amitieus*.

Amour, Ce mot est toujour fait du *f.* Il en était de même au moyen âje. J'avais entrepris par *amour filiale* et *loyale* au roy, mon père, et par dévote religion, en ma bonne simplesse, etc. (GERSON, XIVe siècle).

Amoure, *n. f.* (v. fr. *meure*, du lat. *mōra*, forme féminine de *morum*, mûre). Fruit de la ronse (S).

Lou vieillounge plouro ;
Nautri cantavian,
Mascara d'*amouro*
Coume des Boumian ;
Cantavian Marsilho
Que sus un pont nou
Ié plou et soulelo,
Ié soulelo et plou. (Paul ARÈNE).

La vieillesse pleure ; enfans nous chantions, barbouillés de mûres come des Bohêmiens ; nous chantions Marseille ou sur un pont neuf il pleut et soleille, il soleille et pleut.

— Sin. *Moure* et *môze*.

Ampouler, *v. n.* (de ampoule). Former une ampoule. Ta *brûlur'*, Marie, *al ampoul'-t-i ?*

— Sin. *Boudifler* et *boutifler*.

Amulocher, *v. a.* Mètre du foin a *muloches* (Ic).

— *V. n.* Même sans.

— Sin. *Acachouner*.

Anc, *prép.* Avec. *Vins t' siézer anc moué, sus ceux auges*, au pied de *c't alisier*. (Albert LIGER). — *Al'* s'est *artornée* en s'essuyant les yeus *anc* son *tabélier* et *l' pér'* Mitati *aucor' dé rin* dire ; *ous m' crérez* si *ous v'lez, monsieu* Baffier, *ça* m'a *torné, j' kériais coume in viau* du *couté d'* la *bouchure*. (*Réveil de la Gaule*, juin 1891).

— Sin. *Ac, anvec, caté*.

Anchaude, *n. f.* Sorte de grosse araignée jaunâtre qui passe pour être un poizon aus bêtes (Ch).

Anche, *n. f.* (de l'ansien haut alemand *ancha*, tibia, puis tuyau). Sorte de gros bouchon perforé qu'on met aus cuves, lequel se bouche lui-même d'un fort *douzi*. Acheter du vin a l'*anche* de la cuve, c'est l'acheter au momant des entonaîlles.

Âne, *n. f.* Ânesse. Quand on parle d'*un* âne, on dit plutôt un *bouricot*, un *minisse* ou un *bardôt*.

— V. FÉMININ.

— *Palbêcer* a reins d'âne, bêcher en formant de profondes raies pour que la tère soit mieus pénétrée par les ajans atmosfériques (Ic).

— Sérieus *coume une* âne qui *boet* dans un *siau*, comparaizon plaisante qui n'est pas toujour du goût de celui a qui èle est apliquée (Ic).

***Aneut**, *adv.* (du lat. *hac nocte*, cète nuit). Aujourd'hui (par extansion).

— Sin. *anuit* et *anuite*.

Anicher, *v. a.* Atirer, faire come des nis a... L'herbe *aniche* les limaces.

Animau, *n. m.* Terme plus ou moins injurieus ou grossièremant familier. *D'avou don qu' tu' d'vins*, Pacôme ? — *J' vins d' l'hôpitau*. — On dit pas *d' l'hôpitau* : on dit *d'* l'hôpital, *espèc'* d'*animau* !

Animau, *n. m.* Serpant (S).

— V. BARBOTE, VIPÈRE, ADEU.

Anje. Ce mot est presque toujour fait du *f.*

— V. FÉMININ.

Annêe, *n. f.* (pron. *an-né*). Anée.

— A longue *année*, du comansemant a la fin de l'anée (Ic). *I* travaille a longue *anné' cheus* un tel.

Anuit, *adv.* Aujourdui (Chabris).

— V. ANEUT.

Anuite, *adv.* Aujourdui (Ecueillé).

— V. ANEUT.

Anvec, *prép.* (ansiénemant *aveuc*, a l'orijine *avoc*, d'un tipe latin barbare *abhoc, aboc*, qui est la transformacion de l'expression *apud hoc*, litéralement avec cela, *apud* ayant pris le sans de *cum* dans pluzieur textes mérovinjiens et carlovinjiens). Avec (Ic). *Jé* l'ai *emm'né anvec moé prandre én' gout' dé kirch*. (*Réveil de la Gaule*, juin 1889).

Aout. Le *n.* de ce mois se prononce a-*ou*.

— Sin. *Avout*.

Aparsute, *p. passé f.* du *v.* apersevoir (Ic). J'ai l'ai *aparsui'* qu'un peu.

— V. BUTE, VUTE.

***Apeinre**, *v. a.* (lat. *apprendere*, comprandre, saizir ; forme qui coexiste en latin avec *apprehendere*). Aprandre. Je vos *apenrai* a garir du mal des vers, se vos le volez oïr, de par Dieu ! (RUTEBEUF).

Apêtit. Ce mot est fait du *f.* *I* mange *anvec un'* grande *apétit*.

— V. FÉMININ.

Apeûrer, *v. a.* Faire peur. Quand *oul* est *in* coup *apeûré, ou* sait *pus c' qu'ou fait*.

Apidanse, *n. f.* (italien *pietanza*, du lat. *pietantia*, repas de moine dans les textes latins du moyen âje). Ce qu'on manje avec son pain (Ic).

Apidanser (s'), *v. pr.* (d'apidanse). Ménajer ce qu'on manje avec son pain. Faut *t'apidanser, voés-tu*, mon *p'tit* ; a prézant *qu' t'as pus d' pér' j'arai* par souvant *queuqu' chouze* a *t' douner*.

Apis (poum' d'). Même significacion qu'en fr.

Si j'étais *p'tit' poum'* d'âpis,
J' mé *dép'tit'poum'd'âpiraisbin* ;
Mais *coume éj' seus* pas *p'tit' poum'* d'âpis,
J' peus pas *mé dép'tit'poum'd'âpirer*.

Ces paroles sous forme de couplet ne sont qu'une amuzète que l'on doit dire très vite.

Apointuzer, *v. a.* Randre pointu (Ic). *Apointuzer* un *douzi*.

***Apouya**, *v. a.* (bas lat. *appodiare*, de *podium*, âpui ; italien *appoggiare* ; v. fr. *apoier*). Apuyer.

— S'Apoya. *v. pr.* S'apuyer.

Après, *prép.* En train de. Quand *éj' seus* entré, la *grouss' Nanne* était *après fé'* sa *toélète* pour aler a l'*essamblée*.

— *Adv.* Contre. *S'* fâcher *après queuqu'un*.

— Précédé de *se mètre, après* signifie généralemant faire violanse a une fame. En *travarsant* la forêt, *ale* a rancontré un gas qui s'est mis *après* èle. — Insulter, doner des coûs. *I* s'est mis *après moé* sans *savoér pourquoé*.

Apriver, *v. a.* (lat. *privare*). Aprivoizer.

— S'Apriver, *v. pr.* Être aprivoizé.

Arache-dans, *n. m.* (pron. *arach'-dans*). Charlatan qui fait profession d'aracher les dans.

— *Manteus coume* un *arach'-dans*. Se dit de persones auquèles le mansonje est familier.

Araignée. Ce mot est fait du *m.* a Ch.

— V. Masculin.

Arantale ou **arantèle**, *n. f.* (lat. *aranex tela*). Toile d'araignée (Ic).

— Sin. *Érantèle* ou *rantèle*.

Arcaduc, *n. m.* (de *arca ducens aqua*, d'après le le comte Jaubert). Aqueduc (Ch).

Arche, *n. f.* (lat. *arca*, cofre). Huche. L'*arche* sert a pétrir le pain et a ranjer les restes des repas ; c'est un meuble qui se voit dans chaque ménaje campagnard.

Ardoére, *adj.* (de ardeur). Se dit d'une vache qui veut le taureau (Ic).

— Sin. *Ardoéze*.

Ardoéze, sin. d'*ardoére* (St-Georges).

Ardrêche, *n. f.* Mézanje (St-Georges).

— Sin. *Ardrole* et *cendrille*.

Ardrole *n. f.*, sin. d'*ardrêche* (Ic).

— Fort *coume* une *ardrole*, se dit d'une persone, d'un gamin qui ne brille pas par la vigueur de ses muscles.

Ardroloére, *n. f.* Pièje servant a prandre des ardroles ; ce pièje est compozé d'une nois dont la coque, persée a un endroit, est entourée de petis colés de crin et suspandue a une branche.

Aré, areau, *n. m.* Instrumant de cultivateur servant a faire des raies et tiré come une chârue (S).

Areuiller, *v. a.* (de euil). Regarder avec étonemant et bêtemant. *Sus* la place, *ya* un charlatan et pas mal *dé* badaus qui l'*areuillont*.

— *V. n.* Ne pas prandre part a quelque choze et pour ce regarder avec un air confus. *J'* fais *coume él viau d'* la vache a cinq *viaus* : *Tadimant qu'* les *aut's manjont, moé j'areuille*.

— Sin. *Reuiller* et *zieûter*.

— S'Areuiller, *v. pr.* Regarder avec étonemant ou avec des yeus vifs et intellijans (Ic). *Amièn'toué*, mon vieux Cadi, en attendant *qu'* tu portes ta nouvelle maîtresse, *c'té boun' petit'* Jeannette, qui *s'areuille* si *ben*. (Albert Liger).

Argadant, e, *adj.* Qui ménaje avec ecsès.

Argader, *v. a.* Regarder.

Coume un cavalié qu'èi pressa,
Arregardas lou jour passa. (Théodore Aubanel).

Come un cavalier qui se hâte, regardez le jour passer.

Argenton, *n.* d'un chef-lieu de canton (lat. *Argentomagus*, du celtique *arden*, forêt et *mag*, habitacion. *Ardentes* et le vilaje d'*Argentières*, près d'Eguzon, ont la même orijine : *Arden*).

— Saint-Marcel veut *bin*, mais Argenton veut pas, expression qu'on emploie quand on n'a pas d'*arjant* pour acheter ce qu'on veut. — Saint-Marcel est un gros bourg près d'Argenton.

Argonfler (s'), *v. pr.* Se gourmer. La *Gaurch'*, c'est *c' p'tit péys* qu'*ou s'arèt'* pour *sanjer d'* vagon quand *ou* veut tirer *sus* Sancoins, vous savez *bin*, la qu'*ous* m'avez dit *qu' v'avez* vu *ceus grous monsieus* qu'*i s'argonflaint* tant. (*Réveil de la Gaule*, septambre 1891).

Arguillon, *n. m.* Aiguillon des abeilles, guêpes, etc. (Ic).

— Sin. *Aguillon*.

Arier ! *int.* (de *arière* ou du lat. *ad retro*). Sert a faire reculer les chevaus..... et les ânes.

Ne sarai ou aler, ou avant ou *arier*. (*Berthe aux grands pieds*).

— Sin. *Rieu* !

Ariez, *adv.* Aussi (Ic). *L'* gas *d'* Lacroix, *l'* facteur *dé* Givardon *qu'était* a la *chainne ariez*, a un moumant il a dit *qu'* c'était tans d'aler porter ses *lètes*. (*Réveil de la Gaule*, septambre 1891).

— Sin. *Aussite, itou, ida*.

Ariote, *n. f.* Branche fléxible (Ic). Sert ordinairemant a faire des liens de fâgos. Qui *qu'* j'entends-là ? Veux-tu *t' teni* tranquille, Cadi, ou gare à l'*ariotte* ! (Albert Liger).

Arjantouniot, e, *adj.* et *n. m.* et *f.* Qui est d'Argenton (Ic). La bourjoizie d'Argenton dit *arjantonais* pour arjantouniot.

Armarquer, *v. a.* Remarquer. Ç'a été *armarqué* par *bin* du monde, *c'té chouz'* la, *j'* vous en répons. (*Réveil de la Gaule*, septambre 1891).

Arméjer, *v. a.* (du lat. *remediare* ; arméjer doit être un frère populaire de remédier). Remètre come èle était une choze brizée ou déranjée. *Arméjer* la jambe.

Arméjeus, ze, *n. m.* et *f.* (de *Arméjer*). Rebouteus, rebouteuze (Ic). C'est-*i* vrai *qu' t'as* été *voèr* l'*arméjeus ?* Si c'est vrai, *i t'a boughèrmant bin arméjée* ! Il a *bin d'* la *chanse* d'*ète adret coum'* ça : *j' vourais bin avoèr* son *savoèr*.

Armuer, *v. a.* (de *muer*, chanjer ; lat. *mutare*).

Chanjer de *drapiaus* un enfant en maillot (Ic). Dis *rin*, ma *p'tit'*, quand *j' t'arai armuée, j' té f'rai t'ter.*

Arouète, *n. f.* Sin. d'*aruète* (Ch).

Arouter, *v. a.* Tromper (Ic). *L'érnard créyait fér'* un bon *r'pas cheus* la cigogne ; mais il a été pas mal *arouté*.

Aroûzée, *n. f.* Rozée (Ic).

Aroûzer, *v. a.* Arozer (Ic).

Aroûzoer, *n. m.* (pr. *a-roû-zoé*). Arozoir.

Arrantrer, *v. a.* (pron. *ar-ran-tré*). Rantrer de nouveau.

— *V. n.* Même sans. J'ai *don arrantré anc zeus. Yavait p'tét' pus* deus *miyons d'* gas dans *in'* sale. (*Réveil de la Gaule*, mai 1891).

Arsèle, *n. f.* (de arc, lat. *arcus*). Petite tije de fer en forme d'arc, passant sur le cou-de-pied des sabos tout en bois et destiné a les empêcher de se brizer.

— Sin *Arselet* et *arselètè*.

Arséler, *v. a.* Mètre une *arsèle* a un sabot.

Arselet, *n. m.* **Arsélète**, *n. f.* Sin. d'*arsèle*.

Arséleter, *v. a.* Sin. d'*arséler*.

Arsourse, *n. f.* Sourse.

Artique, *n. f.* Article.

— V. Féminin.

— *Ête* a l'*artiqu' dé* la mort, sur le point de randre le dernier soupir.

— *Été a soun artique*, être contant. *I doet ête a soun artique, aujordui* : il a *arsu d'* l'arjant : *i* va *riboter*.

Artou, *n. m.* (ansien fr. *arteil*, provansal *arteil*, ital. *artiglio*, du lat. *articulus*). Doit de pied (Ic).

— Sin. *Orteù*.

Artrousser, *v. a.* Retrousser (Ic). Les blés *taint* en épis et la *sante* a passait *d'dans* ; a marchait *d'vant moé*, la *bèl'* fille, *artroussée* assez *vaut*, pour pas *sali* sa *rob' nèue*, a *cauz' dé* la *poussiére* ; pas d'*aut' brui*, sous *l'* ciel orajeus *qué célui* des *p'tit's* bêtes. Oh ! ses *bèl's jamb's*, *anvec* ses *chaussèt's noér's*, et ses bas blans !

— S'Artrousser, *v. pr.* Se retrousser.

Aruèle, aruète, arvète, *n. f.* (diminutif de rue, ansien italien *ruga*, du lat. *ruga*, propremant sillon, puis chemin, rue, dans les textes lat. du moyen âje). Ruèle de lit (Ic).

— Sin. *Ruète* et *arouète*,

Assabqui, *v. a.* Faire un bruit étourdissant (Ic).

Assanse, *n. f.* Loyer de maizon (Ic). *I pèy'* point d'*assanse*.

Assavoèr, *v. a.* (autrefois *a savoir*). Savoir. Chiers sire, je vous fais a *savoir* que madame la roïne votre mére... (Joinville).

Assez (d'), *loc. adv.* D'un certain nombre. *Ou voyag' d'assez d' mégnéres*.

Assiézer, *v. a.* (é long ; du lat. *sediare*, venu de *sedium*, dérivé lui-même de *sedes*, sièje). Assoir (Ic).

— Sin. *Siézer* et *assîte*.

— S'Assiézer, *v. pr.* S'assoir.

Assîte, *v. a.* (du lat. *assidere*, être assis ; *assidere*, pron. *assid're*). Assoir (Ch. et environs de La Châtre). *I* sont *m'nus s'assît'* pas trop loin *d' nous autes*. (*Réveil de la Gaule*, juin 1889).

— Sin. *Assiézer* et *siézer*.

— S'Assîte, *v. pr.* S'assoir.

Assoéfer, *v. a.* Doner la soif. Ça vous *assoéf' qué l' diâbe* !

— *V. n.* Même sans. Un tans a *assoéfer*.

Assouriller, *v. a.* (dérivé du lat. *auricula*, oreille). Prêter atantivemant l'oreille dans le but de persevoir les moindres bruis (Ic).

— *V. n.* Même sans. Qui *don qu' t'as* a *assouriller coum' un' treu'* sourde ?

Assoti, *v. a.* (de sot). Etourdir (Ic). *I* nous *assotit, c't* enfant la *anvec* son tambour. — J'ai *évu* tant *d'* monde *aujordui qu'* j'en *seus* toute *assotie*.

— Troubler l'entandemant. *Dépus* qu'il a *pardu* son garson, il a l'air tout *assoti*.

Asticot, *n. m.* Ver que les mouches mètent a la viande (Ch-s-I).

— Sin. *Liron* et *mouton*.

Atande, *n. f.* Atante (Ic). *J' seus* en *atand' dé* mon diplôme. (*Réveil de la Gaule*, février 1889).

Atelé. *Bin* ou mal *at'lé*, avoir un beau ou vilain cheval (Ic). *I* sont *tojou bin at'lés* dans *c' domainn'* la.

Atloére, *n. f.* (pron. *a-tloé-r'*). Cheville servant a fixer certains harnais aus limons (Ic).

Atfier, *v. a.* (*t* sonore). Élever (Ic). S'emploie pour le monde, les bêtes et les véjétaus. *Lé v'la* tout *atfié*.

— Sin. *Adfier* (d'après le comte Jaubert) et *atifier*.

— S'Atfier, *v. pr.* S'élever. A la *boune heûr'*, ça *tét'*, ça : ça *l-a envie d' s'atfier*.

Atifier, sin. d'*atfier*.

— S'Atifier, *v. pr.*, sin. de *s'atfier*.

Atoucher, *v. a.* Toucher (Ch). *I* vous *atouchait* pas, ce *p'tit*.

Atoutresse, *adv.* Instammant (Ic). *A v'lait atoutresse qué j' pass'* dans *l' boès anvec* èle : j'ai pas voulu !

Atrape, *n. f.* (du *v.* atraper). Ce qu'on atrape.

— Fam. *Un'* bèle *atrape*, une choze insignifiante, une bagatèle. *Ou pleûr'* pas pour ça : la bèle *atrap'*, quand *minme i* t'*arait* touché un peu *pus vaut qué l' génou* !

— Ironiq. Pas un au grenier, tous a la trape (a l'atrape), expression qui s'emploie dans le S. pour indiquer que, quand il s'ajit de prandre, tout le monde est prézant.

Atrape, *v. a.* Atraper (Ic). Pour *n*-en *atrape* a prézant, c'est pas *c'mode*.

V. Manque et monté.

Aubériuches, *n. f.* (de berlue, dérivé non directemant du lat. *bislucere*, briller pluzieur fois). Maladie des yeus qui fait voir trouble, ou plutôt des petis rons, dès le coucher du soleil (Ic).

— Cète maladie est très rare aujourdui, mais èle était assez comune voila trante ou quarante ans, ce qui faizait s'égarer pas mal de persones. A quoi faut-il atribuer sa disparicion ? Peut-être au défrichemant des landes, au dessèchemant des marais. Les fièvres sont aussi bien plus rares aujourdui qu'autrefois. Le foie de beuf ou *duret* passait pour guérir des aubérluches.

— Sin. *bobluques*.

Aubijon, *n. m.* (samble signifier *blanc ajon* : *aub*, du lat. *alba*, blanc). Epine blanche (Ic).

— Le comte Jaubert définit ce mot: « Jonc, laiche ou carrex, espèces de plantes qui croissent dans les lieux humides. » Je ne conais pas ça : c'est peut-être du Cher?

— Sin. *ébaupin*.

Au Bon Dieu, *n.* qu'on done, précédé de leur prénom, aus enfans du *Bon Dieu* (surnom a Ch). La Berthe *Au Bon Dieu* a dis ans. On dit de même Jean *A la Guite* (fils de la Marguerite). Si l'instrucsion n'existait pas si bien aujourdui, les trois parties dont ces noms se compozent ne tarderaient pas a se souder et ces noms deviendraient *Aubondieu* et *Alaguite*. Allély, Alapetite, Alaphilippe, Allassonnière, n. de famille de l'arondissemant de La Châtre, n'ont pas d'autre orijine.

Aubour, *n. m.* (lat. *alburnum*; pron. albourn'oum). Couches les plus superficièles du bois (Ic). En fr. on dit aubier.

— *Ya d' l'aubour*, expression signifiant : Il y a du louche (dans cète afaire).

Aucore, *adv.* (lat. *hanc horam* : jusqu'a cète heure ; v. fr. *ancore*). Encore (Ic).

Auluer, *v. a.* Jeter son dévolu sur quelque choze qu'on voit le premier (Ic). *Jé l'aulue* !

— Ce v. doit faire défaut en fr.

Aumail, *n. m.* (lat. *animalia*, v. fr. *almaille*) Bêtes à cornes, prizes dans leur ansamble (S). Terme très employé dans les foires.

> O qu'il est d'aise a voir revenir pêle-mêle
> Les vaches, les taureaux et le tronpeau qui bêle,
> Les *aumailles* marcher lentement, pas a pas,
> Et puis d'autre côté galoper le haras.
>
> (VAUQUELIN DE LA FRESNAYE).

Aunaje, *n. m.* (de *aune*, mezure de longueur ; *aune*, a. fr. *alne*, du bas latin *alena*, qui vient lui-même du gotique *aleina*, aune). Nouveautés, au sans d'étofes (S). Marchans d'*aunaje*. *A tint un' boutiqu' d'épic'rie* et un peu d'*aunaje*.

Autel. Ce mot est toujour fait du *f*.

— V. FÉMININ.

Avanse, *n. f.* Mot spirituel. Trait d'union entre... l'un et l'autre sexe (Argenton).

Sin. *Bit, bite, bitaud, bitochon, bracmard, couète, quéquèle, pine, pinète, vi, chatouille, gherdeùche*.

Avansant, e, *adj.* Qui avanse vite, qui va vite en bezogne. La Marie, *ale est bin avansante* a tricoter.

Avans, *n. m. pl.* (du lat. *adventus*, arivée : l'avénemant de J.-C.). Tans pandant lequel on se prépare a la fête de Noël.

— On dit les *avans d'Noël* ou simplemant les *avans*. En fr. ce mot s'emploie au *s*.

Aveùille, *n. m.* (du lat. *aboculus*, privé d'yeus : compozé de *ab.*, qui marque la privacion et de *oculus*, euil). Aveugle.

Aveùiller, *v. a.* (de *aveùille*). Aveugler. Endementiers que il parloient ensi des trois fuisiaus, lour vinrent nouvièles que chil qui l'arbre de vie avoient entamét estoient *avulet* (*Le Saint-Graal*). *Traducsion :* Pandant qu'ils parlaient ainsi des trois fuzeaus, des nouvèles leur vinrent que ceus qui avaient entamé l'arbre de vie étaient aveuglés.

— S'AVEUILLER, *v. pr.* S'aveugler. *Yen a minme ien qui s'a aveùillé* un euil (*Réveil de la Gaule*, juin 1889).

Aveûtron, *n. m.* (dérivé de *avorter*, lat. *abortare*). Avorton (Ch).

— Terme de dénigremant. *Espéc' dé p'tit aveûtron* !

***Avia**, *v. n.* (du lat. *via*, voie ; italien *avviare* acheminer). En parlant d'une vache, doner son lait.

— *V. a.* Même sans. La vache *a vouguit* pas *avia son lat* (la vache ne voulut pas doner son lait).

Avier, le *v. avia* fransizé (S et Ic).

Avinde, *v. a.* Prandre, saizir, avoir en alonjant le bras. *Avind'* des guignes. *Avind'* son *chapiau tumbé* dans la *rivière*.

— Dans la *conjug.* le *d* se suprime au futur et au condicionel.

Avinture, *n. f.* Avanture.

— *Dizeùz' dé boune avinture*, fame qui prédit l'avenir et qui extorque souvant de l'arjant aus persones crédules de la campagne. Cète profession est généralemant éxersée par des bohêmiènes.

Avis. Ça m'est *d'avis* (le *d* doit être un chanjemant du *t* de est), locucion signifiant : M'est avis. Ça m'est *d'avis* qui *s'ra* bon *c'yeuv'* qui *pandile* aus *salivíaus*.

Avizion, *n. f.* (de s'*avizer*). Choze dont on s'avize (Ch). Il a pris l'*avizion d'boér' dé* l'eau *d'vie* (il s'est avizé, etc.)

Av'ni, *v. n.* Advenir. La place d'honeur vous *avint*.

— Le *d* du futur et du condicionel se supriment généralemant. Précédant immédiatemant l'*n* le *v* se pron. souvant *m* : *am'ni*.

— V. CONV'NI, DÉV'NI, PRÉV'NI, PROV'NI, RÉV'NI, S'SOUV'NI et V'NI.

Avoinne, *n. f.* (pron. *a-voin-n'* ; lat. *avena*). Avoine.

— *Avoinn' dé curé*, expression spiritùele pour dézigner le poivre.

Avoéneri, *n. m.* (pron. *a-voé-nri*). Champ ou il vient d'y avoir eu de l'avoine (Ic). *Loïz'*, tu *mén'ras* tes *oás* dans *l'avoén'ri*.

— V. FROMANTERI, MARSÈCHERI et RETOUBE.

***Avér**, *v. a.* et *auxiliaire* (*é* long ; lat. *habere*). Avoir (Ch).

— Conjugaizon :

INDICATIF

PRÉZANT

Iai (une sillabe).	J'ai.
T'as.	Tu as.
Oz (ou *ale*) *a*.	Il (ou èle) a.
N'ons (ou *n'ins*).	Nous avons.
Voavè (voa-vè).	Vous avez.
Iint (une sill.) (ou *ale int*).	Ils (ou èles) ont.

2

IMPARFAIT

Iàyc (une sill.).	J'avais
T'àyc.	Tu avais,
Oz (ou *ale*) *àyc.*	Il (ou èle) avait.
N'àyins!	Nous avions.
Voàyè (voa-yè).	Vous aviez.
Iàyint (ou *ale...*).	Ils (ou èles) avaient.

PASSÉ DÉFINI

Iaguis.	J'eus.
T'aguis.	Tu eus.
Oz (ou *ale*) *aguit.*	Il (ou èle) eut.
N'aguiyins.	Nous eûmes.
Voaguiyè (voa-gui-yè).	Vous eûtes.
Iaguiyint (ou *ale...*).	Ils (ou èles) eurent.

FUTUR

Iaùrè (aù ouvert come *o* dans or).	J'aurai.
T'aùras.	Tu auras.
Oz (ou *ale*) *aùre.*	Il (ou èle) aura.
N'aùrins.	Nous aurons.
Voaùrè (voau-rè).	Vous aurez.
Iaùrint (ou *ale...*).	Ils (ou èles) auront.

CONDICIONEL

Iâye.	J'aurais.
T'âye.	Tu aurais.
Oz (ou *ale*) *âye.*	Il (ou èle) aurait.
N'âyins (n'â-yins).	Nous aurions.
Voâyè (voâ-yè).	Vous auriez.
Iâyint (ou *ale âyint*).	Ils (ou èles) auraient.

IMPÉRATIF

Asse.	Aie.
Assins.	Ayons.
Assè.	Ayez.

SUBJONCTIF

PRÉZANT

Qu'*iasse* (ia-ce).	Que j'aie.
Que *t'asse.*	Que tu aies.
Qu'*oz* (ou qu'*ale*) *asse.*	Qu'il (ou qu'èle) ait.
Que *n'assins.*	Que nous ayons.
Que *v'assè.*	Que vous ayez.
Qu'*iassint* (ou qu'*ale assint*).	Qu'ils (ou qu'èles) aient.

IMPARFAIT

Qu'*iaguisse.*	Que j'eusse.
Que *t'aguisse.*	Que tu eusses.
Qu'*oz* (ou qu'*ale*) *aguisse.*	Qu'il (ou qu'èle) eût.
Que *n'aguissyins.*	Que nous eussions.
Que *voaguissiè.*	Que vous eussiez.
Qu'*iaguissyint* (ou qu'*ale*) *aguissyint.*	Qu'ils (ou qu'èles) eussent.

PARTICIPE

PRÉZANT

Éyant.	Ayant.

PASSÉ

Augu, augude.	Eu, eue.

Nota : Pour avoir les tans compozés, il sufit d'ajouter aus tans simples le p. passé.

Ai las! entre que l'agué culido, la flour bizaro se passiguè et rendeguè uno oudour de cadabre. (Félix Gras). Traducsion : *Hélas! aussitôt qu'èle l'eut cueillie, la fleur bizare se flétril et rendit une odeur de cadavre.*

Vous n'en rapelas pas, vous autri que sias jouine, de i' a trento o quaranto an, avans que i' aguèsse li camin de ferre! (Mistral). Traducsion : *Vous ne vous en rapelez pas, vous autres qui ètes jeunes, d'il y a trante ou quarante ans, avant qu'il y eût les chemins de fer.*

— Sin. *Avoèr.*

Avoèr, *v. a.* et *auxiliaire*. Avoir.

— Conjugaizon d'Ic :

INDICATIF

PRÉZANT

J'ai, t'as, il (ou *ale*) a, *j'avons* (ou *j'ons*), *v'avez*, *il* (ou *ale*) *avont* (ou ont).

IMPARFAIT

J'avais, *t'avais*, il (ou *ale*) avait, j'aveins (ou *j'aviens*, *j'avions*), *v'avez*, il (ou *ale*) *aveint* (ou *avient*, *aviont*).

PASSÉ DÉFINI (*n'existe pas*).

FUTUR

J'arai, *t'aras*, il (ou *ale*) *ara*, *j'arons*, *v'arez*, *il* (ou *ale*) aront.

CONDICIONEL

J'arais, *t'arais*, il (ou *ale*) *arait*, *j'areins* (ou *j'ariens*, *j'arions*), *v'arez*, *il* (ou *ale*) *areint* (ou *arient*, *ariont*).

IMPÉRATIF

Èye, Éyons, Éyez,

SUBJONCTIF

PRÉZANT

Qué j'èye, qué t'èye, qu'il (ou qu'*ale*) *èye*, *qué j'éyins*, *qu' v'éyez*, qu'*il* (ou qu'*ale*) *éyint*.

IMPARFAIT (*n'existe pas*).

PARTICIPE

PRÉZANT

Éyant.

PASSÉ

Évu, évue, auvu, auvue.

— Aus environs d'Argenton, on dit souvant *j'avionmes* pour *nous avions.*

— Dans la partie S. du dép. de l'Indre, le *v.* auxiliaire avoir ramplace toujour l'auxiliaire être : Il a mort, *i* s'a batu, *i* s'a enrumé.

— Les *aroit* on plus aise. (Froissard). On les aurait plus aizémant.

— Sonnette *aront* ou col pendant. (Eustache Deschamps. (*Ou*, au).

— Dex, tant *avom* esté preu par uiseuse! (Conon de Béthune). *Dieu, nous avons tant été vaillans par oiziveté!*

> Le pére fu il au donner
> De l'enfant ? dites vérité,
> Tantost vous *aray* délivré.
> (*Miracle de l'Enfant donné au Diable*).

> ... Demourer me fault
> Icy. Mére Dieu, que feray ?
> Coulte ni coissin n'y *aray*,
> Ni tapiz pour couvrir mon corps.
> (*Miracle de Berthe*).

J'ons mis les *j'mans* sous *l'grous châgne* et *j'yi dounons l'foin qu'j'avions* aporté. (*Réveil de la Gaule*, juin 1891).

Avou, *adv.* (altération de *la ou*, joins par un *v* eufonique). La, ou. *Avou qu'tu* vas *don*, ma *grouss'* fille ?

— Sin. a et *lavou.*

Avoure, *adv.* (du lat. *ad horam* ou *hac hora*). A prézant, maintenant (Argenton).

— Sin. *Avré* et *açteûre.*

— Avoure que, *loc. conj.* Maintenant que.

> *Avoure* qu'il est loin, mais bein loin d'être un mioche.
> (J. Chapelot, patois charantais).

Avous (altéracion de *avez-vous*). *Avous féni?*

Avout, *n. m.* Le mois d'out (Ic).

— Sin. *Aout.*

Avré, sin. de *avoure* (Ch).

— Avré que, *loc. conj.* Sin. de *avoure que.*

Az, *prép.* A devant une voyèle ou une *h* muète (Ch). J'ai *bin d'quoé az aj'té* avec *toute éc'te ghernipille!*

— Sin. *Al.*

Âzine. V. Bète azine.

B

REMARQUES

Suprécion de la lètre B

FRANSAIS	BÈRICHON	BÈRICHON – MARCHOIS
Obstiner,	».	Ostina.

Equivalanses de la lètre B

Bouleau.	Boulat.	Ptou.
Betoule (la) (n. de lieu).	»	Ptoule (la).
Absant.	Apsant.	Apsant.
Absinte.	Apsinte.	Apsinte.

Nota : Le fransais écrit « absent, absinthe », mais prononce *forcément apsent, apsinthe.* De même *B'toule* aboutit physiologiquement à Ptoule. (Léon Clédat).

Babiche, *n. f.* (de Elisabeth, d'après le comte Jaubert). Nom familier de fame (Ic).

— V. Nanniche.

Babigner. *v. a.* Bavarder (Ch).

— *V. n.* Même sans.

Et *babignez* toujours aux ys.

Villon.

El bavardez toujours aus portes.

— Sin. *Bader, jaboter* et *tailler des bavètes.*

Babigneus, ze, *adj.* et *n.* Qui babigne (Ch).

Babignon, *n. m.* Le manton (Ch et environs de La Châtre).

Babiou, *adj.* et *n. m.* Qui ne sait guère ce qu'il dit, qui se fâche sans motif (Ch-s-I). Grand *babiou.* Vieus *babiou.*

Babou, *n. m.* (lat. *papaver,* pron. *papav'er*). Coquelicot (Ic).

— Sin. *Papou, ponseau, ponsiau* ou *pansiau.*

— Voici a titre de curiozité quelques noms du coquelicot : *Co* (Yonne), *coquelicoc* (v. fr.), *cocriacot* (Picardie), *cokilo* (Doubs), *cottcolinko* (Orne), *coquelicaou* (Corrèze), *coquelineau* (Jura), *coquelija* (Vosges), *coquelijó* (île de Ré), *conrozo* (Aveyron), *feu d'enfar* (Aube), *pavou* (Savoie), *pabou* (Saintonge, Poitou), *babeâu* (Allier).

— Aus environs d'I, de Ch-s-I, d'Argenton, les coquelicos sont très comuns. Dans les com. voizines de la Creuze, aus térains granitiques, ils sont au contraire très rares et souvant inconus.

Babou, *n. m.* Bobo, en langaje de nourice (Ch). *Quio* méchant *tonton, oz* a fait *do babou* a son *p'tit* ! (ce méchant oncle, il a fait du mal a son *petit*). — V. Petit.

Babouin, *n. m.* Sorte de masque grillé qu'on se met devant le vizaje pour *tailler* les abeilles (Ic).

Bache, *n. f.* (a bref ; a raprocher du lionais *bachola,* auje). Sorte d'auje de pière pour abreuver les bestiaus, ou petite fosse pour le même uzaje (Ch).

— Sin. *Nou.*

Bachot, *n. m.* En parler très familier, bouche (Ic). Alons, *bâill'* ton *bachot qué j't'afoure* !

Bacouète, *n. f.* (de *bat* du *v.* batre et *couète,* diminutif de *coue,* queue). Hoche-queue (Ch).

— Sin. *Cu-blanc* et *berjére.*

* **Bada,** *v. n.* (lat. *badare*). Bâiller. *Bad' la goul' qu'i t'râl'* la *lingue* (bâille la gueule que je te râpe la langue).

— *Badecon, n.* d'un gros vilaje dans la com. du Pin, ranferme peut être le *v. bada,* bien qu'en 1487 ce mot ait été écrit « Bas de Con », d'après le dicsionaire d'E. Hubert.

Bader, le *v. bada* fransizé, (S et environs de La Châtre). J'en *badais* et sans *yi douner l'tans d'arquémanser,* j'ai dit : Oui, madame, c'est *moé qué j'seus* Labrande, pour vous *sarvi,* ma *boun'* dame, (*Réveil de la Gaule,* mai 1891).

— Bader, par extansion, bavarder, conter des chozes insignifiantes (Ic).

— Sin. *Babigner, jaboter* et *tailler des bavètes.*

— S'emploie aussi avec un complémant direct : *Ale* a *badé* ça partout.

Baderat, *adj.* et *n. m.* et *f.* Qui aime *bader* (Ic). *Grand' bad'rat* !

— Sin. *Babigneus.*

Badigoinne, *n. f.* (pron. *ba-di-goin-n'*). Le dessous du manton (Ic). *L'jus yi coul'* sous la *badigoinne.*

Baignade, *n. f.* Partie d'une rivière ou l'on se baigne.

Bail, *n. m.* (de *bailler,* v. fr. *baillir,* lat. *bajulare*). Ferme ou bâtimans de ferme pris dans leur ensamble (Ic) A *c't'âj'-la* c'est *bin* dur d'aler *charcher* son pain et *d'coucher* dans les *bails.*

Baillarje, *n. f.* Orje a deus rans (Bélâbre).

— Sin. *Marséche* ou *Marchéche.*

— L'orje a quatre rans s'apèle simplemant *orje.*

Bâiller, *v. n.* (v. fr. *baailler,* provansal *badaillar,* catalan *badallar*). Crier pour apeler quelqu'un de loin, pour l'avertir de quelque choze ou pour l'insulter (Ic). *Qu'c'ést* laid *d'bâiller* après *l'mond' coum'* ça !

— En fr. pour apeler quelqu'un de loin on emploie le *v. a. héler.*

— Jeter des cris douloureus. *A bâillait coum'* si *ou* l'avait écorchée.

Baillére, *n. f.* (pron. *ba-yé-r'* ; de bales, envelopes de grains). *Plaintie* ramplie de bale. Va, ma *fill',* faut pas *rouji d'coucher su un' baillér'* : ça t'a pas empêché, ma *p'tit' pé'zant' bin* prize, *dé m'ni pus bèl' qué bin* des *fill's dé rich's qu'a dormont* dans des lis d'princesses !

Baissiére, *n. f.,* Endroit d'une tère ou l'eau forme ou peut former une flaque. Ecsepté dans *c'te baissiér',* mon fromant est beau partout.

— Dit moins que son sin. *fond.*

Baizer, *v. a.* et *n.* Caresser (sans libré). Se dit sans trop grande gêne. Il me samble que ce mot n'est pas employé par les gens âjés, tandis qu'il l'est beaucoup par les jeunes.

— V. Chenailler.

Balade, *n. f.* Promenade (S). Vous *v'la don* parti en *balade* ?

— Moins sérieus que promenade.

Balader (se), *v. pr.* Se promener.

Balai de jon, *n. m.* Balai de sorgho.

— Quand on a *pus bézoin* du balai, on *l'met dérier*

la porte, éxpression signifiant : quand on n'a plus bezoin d'une persone, on la laisse de côté.

Balan, *n. m.* Balansemant produit â une voiture par suite d'une charge mal faite, d'une dessante ou d'une montée de route (Ic). Faut pas qu'*yèy' dé* balan.

Baler, *n. m.* (dérive probablemant de bales, envelopes de grains). Place au-dessus des bestiaus dans les granges, grenier pour ranjer les fourajes (S).

— On sait que dans cète partie de notre départemant, l'étable a vaches et cèle a beus sont situées de chaque côté de la place de granje et en sont séparées par des colones apelées *kiombes* ou *colombes* ; la nouriture des bêtes est pozée au bord de l'aire dans des aujes apelées *croches* ; les bestiaus pour l'ateindre passent leurs têtes entre les colones.

— Sin. *fenol* et *ghérgnier*.

Baliyer, *v. a.* (de balai, v. fr. *balain*, du breton *balaen*). Balayer. C'est jetter son argent dans la rivière, voire se ruiner et desfaire soi mesme que bastir trop amplement et sans nécessité ; et faut qu'à la longue la vanité de telle entreprise soit la fable du peuple, quand ayant basti une grande et superbe maison elle demeure vuide par faute de revenu, et qu'il faille employer plus de temps à la *ballier* qu'a en labourer les terres. (Olivier de Serres).

On lit dans le Dictionnaire de Trévoux (1740) : Balier, balayer. Ces deux mots sont bons tous deux, mais *balier* est plus en usage que *balayer* parce qu'il est plus doux à l'oreille. Ex. : *balier* une chambre. Eole lâche les vents, quand il faut *balier* le monde. (Scarron, *Virgile Travesti*, liv. II). D'une robe à longs plis *balier* le barreau. (Despréaux, sat. I).

Baloére, *n. f.* (de bales, envelopes des grains). Sorte de balai grêle et long en genês, a long manche, servant aus *cavargniers* (Ic).

Balosse, *n. f.* Sorte de grosse prune d'un rouje brun et qui mûrit de bone heure (Ic).

— On dit aussi *prun' dé balosse*.

— Par extansion, cète dernière expression dézigne aussi... les deus *roupètes*.

Balote, *n. f.* (du fr. bale, boule ; vieil haut alemand *balla*). Sorte de boule servant à des jeus d'enfans (Ch-s-I).

— Sin. *Paume*.

— Porter a la *balote*, a califourchon (Ic). Les chams étaient dézers et silansieus, l'Arnon aussi ; ayant troussé ma culote a mi-cuisses, je la pris a la *balote*, la jolie petite brune tachetée de son, je traversai le joli gué aus pières luizantes et je la dépozai dans l'ile, ma main ayant frôlé la partie nue de ses bèles jambes.

— Sin. Porter a la *charabiquète* et a son *chap'let*.

Baluchon, *n. m.* Petit balot.

Bane, *n. f.* Espèce de petit cuvier en bois, ayant déus douèles plus hautes que les autres ; ces deus douèles persées chacune d'un trou en forme de bonde sont apelées *oreilles* ; ces trous servent a passer les dois ou le *porte-bane*, pour le porter (Ic).

— Sin. *bâsse, baniau, banot*.

Banée, *n. f.* Le contenu d'une *bane*.

Bangon, *n. m.* (du vieil haut allemand *band*, pièce d'étofe). Mouchoir plié en forme de bandeau et passant sous le manton, et destiné a cacher les joues, soit qu'on ait mal aus dans, aus oreilles ou un bobo quelconque (Ic).

Bangouner, *v. a.* Mètre un *bangon*.

— Se bangouner, *v. pr.* Se mètre un *bangon*.

Baniau, *n. m.* Petite *bane*.

Banot, *n. m.* Petite *bane*.

Bansin, *n. m.* Une des deus poignées qui forment la queue d'une châiue (Ic).

— Sin. *Couée* ou *écouée*.

Barbe de chieuve, *n. f.* (pron. *barb' dé chieuve*). Sorte de champignon comestible (Ic).

Barbillon, *n. m.* Sorte de poisson et non petit barbeau. Continuez à souffrir comme vous le faites, et, avant deux ou trois mois, vous irez une nuit chez Marianne, vous la violerez à côté de son enfant... puis vous la couperez par morceaux, et vous irez la donner en pâture aux *barbillons* du Cher... Ça s'est fait ! ça s'est vu ! Je vous dis que ça s'est vu ; et tenez-vous sur vos gardes. (Arthur Ponroy).

Barbot, *n. m.* (En patois lionais, ce mot signifie gonfle que fait la pluie en tombant sur le sol). Tache d'encre sur un cahier (Ch-s-I).

— V. Gherlet.

Barbote, *n. f.* L'insecte apelé *blate* (Ic).

Barbote, *n. f.* Couleuvre (Ch).

Barbotiaus, *n. m. pl.* Sortes de franjes pandant aus harnais des chevaus et destinées a leur *virer* les mouches (Ic).

Barbouillé, *n. m.* Terme injurieus. S'aplique a un home qui ne mérite pas de considéracion, ou a un gamin. A une grande persone, cète injure est grave. *Barbouillé* !...

Barduchon, *n. m.* Bouricot (Ic).

— Sin. *Minisse* et *bête âzine*.

Bârer, *v. a.* (de *bâre*, bas lât. *barra*, du celtique *bar*). Fermer une porte a clé (Ch).

— Sin. *Acoter*.

— Contr. *Débârer*.

Bârer, *v. a.* Faire avec le bout des dois certains mouvemans sur la peau pour arêter une dartre, pour guérir un mal quelconque (Ic). La *mère un' tèl' bâre él* mal *dé* dans.

— Tout le monde ne peut pas bârer, il n'y a que les iniciés qui acompagnent ordinairemant leur bezogne mistérieuze d'une prière particulière.

* **Bareù**, *n. m.* (de *bâre*). Bareau.

— Sin. *Bâriau*.

Bâriau, *n. m.* (de *bâre*). Porte de cour, de jardin, faite de palis, d'échalas (Ic). *A from'* jamais *l'bâriau c'té* bondieu *d'fumèl'* la !

— Sin. *Bareù*.

Barivoler, *v. n.* Se dit de rubans que le vant samble faire voltijer. *I* faizait grand vant, et les gens des *noc's avaint* tous au *couté gauch'* des *ribans* qui *barivolaint*.

Barje, *n. f.* Tas de foin fané et bon a rantrer (Ch).

— Sin. *Muloche, mulon, cachon*.

— L'endroit ou l'on met le foin dans les granjes. *Oz a encore *eun' plén' barj' de fin.*

* **Barnère (la)**, *n.* d'un hameau au bord de la Creuze, com. de Crozant et écrit sur les cartes La Baronière.

— V. Frèie (la), Soutrainne (la), Trace, Traille.

Bas-Blanc, *n.* de chien, de cheval.

Bas-Rouje, *n.* de chien.

Bâsse, *n. f.* Sin. de *bané* (Bélâbre et Ch-s-I).

Bâssée, *n. f.* Le coutenu d'une *bâsse.*

Basse-Goute, *n. m.* Apantis (Ic). Il a fait *bâti dêriez* sa *mainzon un' bass'-gout'* qui *yi* sert *dé séyer; j'seus* entré *d'dans anc un' dé* ses *fill's : ça yi fait brin.*

Bassie, *n. f.* Evier. *I yi dissiyint: Vnè don* vous *chaufa*, Jean. *O* répondit : *Iai* pas *fret.* Et *o fit s'assit' da* la *bassie.* Mais quand *o vôguit* s'en *n'na, l'quiou d'*sa culote *yi restit* : *ou geaille.* (Ils lui dirent : Venez don vous chaufer, Jean. Il répondit : Je n'ai pas froid. Et il fut s'assoir dans l'évier. Mais quand il voulut s'en aler, le cu de sa culotte y resta : il gelait).

Bassicoter, *v. a.* et *n.* (pron. ba-ci-co-té). Cahoter, aler de droite et de gauche, en parlant d'une voiture, ou de la charpante mal solide d'un puis, par example (Ic). Qu'*oul* est *bassicoté* dans *c'lé voèture* ! Ça *bassicote*, ça *tinra* pas.

— Sin. *Soucasser.*

Bassiner, *v. a.* Ennuyer, embêter, em...merder. Vous *m'bassinez*, zut !

— Sin. *Fér' chier.*

Bataillon, *n. m.* (pron. ba-ta-yon ; samble venir du lat. *baculonem*, petit bâton ; bataillon, frère de baillon). Petit bâton qu'on atache par le milieu au cou des chiens.

Bat-Beûre, *n. m.* Petit lait (Ic).

— Sin. *Bégaud, bougaud, beûrée.*

Bâteler, *v. n.* Aler, venir, sans rien faire (Ic). *A fait qué d'bât'ler a c'matin, c'té sacré* nom *dé* Dieu *d'garse* !

Bateuze, *n. f.* Machine a batre (S).

— Sin. *Macanique.*

Baticole, *n. f.* Bagatèle, au fizique come au moral. Tout ça, c'est *d'la baticole.*

— Sin. *B'zague, v'zague, gnognote, couille, couillounade.*

Bâtine, *n. f.* Bât.

Batisse, *n. m.* Batiste.

— *Tranquill' coum' Batisse*, d'une tranquillité calme et heureuze. Il y a souvant de l'ironie dans cète expression.

Baudet. *Chasse a baudet*, bruis étranjes qu'on entand parfois la nuit dans les airs. Ces cris, samblables aus aboiemans d'une meute, sont dus au diable qui poursuit une petite âme sans batême.

— Sin. *Chasse a ribaud* ou *rigaud.*

Baudraie, *n. f.* Oizeau de proie (Le Blanc). Le mot fr. est *bondrée.*

Baufuter, *v. a.* Trouver des défaus a une choze qui n'en a pas ou éxajérer ceus qu'èle a, soit pour contrarier, soit pour acheter moins cher ; s'emploie aussi pour les persones. Tu *t'émajin's qué pac'qué t'as queuqu' chouze*, faut *baufuter* les *autes* : *t'és* pas *raizounabe.* (*Réveil de la Gaule*, juin 1891).

Bauje, *n. f.* Mezure quelconque de longueur (Ic). Tu *s'ras* pas soldat, *t'as* pas la *bauje* (cètadire la taille réglemantaire).

— Apareil servant a mezurer la taille des conscris ; la plaque qu'on baisse ou qu'on élève de cet apareil. Ils l'ont fait dresser sous la *bauje.*

Baujer, *v. a.* Mezurer une longueur (Ic).

Baujer (se), *v. pr.* (de *bauje*, gîte fanjeus du sanglier). Se lojer mizérablemant (env. de Charost). *A m'dit* : Si *j'peuvais s'mant* trouver *un' méchant' mâzur'* pour *mé baujer.*

Bavou, *adj.* et *n. m.* Qui bavarde a tort et a travers.

Bavoûzer. *v. n.* Parler mal (Ic).

Bavètes. Tailler des *bavètes*, bavarder.

— V. Babigner.

Bazane, *n. f.* Gros vantre (Ch). Un coup *d'bizague* dans la *bazane* !

Bâzin, e, *adj.* et *n.* Mouton, brebis qui a le tournis (Ic).

— *J'avons pardu in beu* et *in mouton* qui s'est tué et *l'aut'* s'est *éçarvélé* et *l'aut'* est *dém'nu bâzin.* (*Réveil de la Gaule*, mars 1889).

— Sin. *Lourdaud.*

— *Ét' bâzin*, voir tout tourner autour de soi. *D'avoè* monté *sus ceus c'hvaus d'boès*, ça *m'a* randue *tout' bâzine.*

Bâziner, *v. n.* Tourner a droite et a gauche et perdre son tans (Ic). *Qui qu'l'as* a *bâziner coum'* ça ? Il a *rin* fait *d'la jorné*, il a fait *qué d'bâziner.*

Baziot, e, *adj.* et *n.* Bêta, niais (Ic). Grand *baziot*, est-c' qu'*ou pleûr' coum'* ça ? *P'tit' baziote, j't'ai* pas fait *d'mal* !

— A l'Ecole normale de Châteaurous, vers 1873, les élèves de première anée étaient apelés *bazios* par ceus de segonde et de troizième.

Bé, *n. m.* Bec.

— *Moéniau* a *grous bé*, le plus gros des moineaus.

— Sin. *Quiave.*

Beau. C'est vrai *coume j'*suis beau (ou bèle), c'est faus (Ch-s-I).

Béber, *v. n.* Tomber en langaje de nourice.

Bécaud, *n. m.* (de bec). Bouche en langaje de nourice. *Baill'* ton *bécaud.*

Bécedit, *n. m.* (de *bécer*). Têrain qui vient d'être bêché (Ch).

— Sin. *Beçure.*

— V. Laissedit.

Bécer, *v. a.* (de *becca*, bêche, forme féminine de *beccus*). Bêcher (Ch).

— Sin. *Palbécer.*

Béçure, *n. f.* Sin. de *bécedit* (Ch).

Bédame ! *int.* (*dame*, reste de l'ansiène int. moyen âje *Dame-Dieu* (*Domine Deus*), cètadire *Sei-*

gneur-Dieu. Bé qui précède dame samble venir de bon). Dame (Ic). Tu yi vas don? — Bédame!

Bégace, *n. f.* (de bec, lat. *beccus*, mot d'orijine gauloize). Bécasse.

Bégaud, *n. m.* Petit lait (Ic).

— Sin. *Bougaud, bat-beûre, beûrée.*

Bégauder, *v. n.* (de *bégaud*). En parlant des nourissons, randre le lait qu'ils vienent de téter (Ic). *Ma p'tite a fait qué d'bégauder.*

— Sin. *Bougauder.*

Bégu, ë, *adj.* et *n.* Celui ou cèle dont la lèvre inférieure dépasse la supérieure (Ic). *C'était un' pétit' roussiote béguë* et *bin prize.*

Béguin, *n. m.* Coifure de fame apelée encore *bounet ruché* (Ic).

— *Prande el béguin*, délaisser sa coifure primitive, sa coife de payzane pour porter le bonet ruché. *Dépus qu'ale* est a la vile, *ale* a pris *l'béguin. Ça yi* va pas.

— Les coifures de fames aus environs d'I. sont: le *sér'-téte*, sorte de dessous de bonet (ordinairemant noir), le *bounet* ordinaire (dit aussi *bounet-paillé*), la *minute*, bonet du matin et le béguin que nous venons de définir. Pluzieur portent par-dessus un mouchoir plié en triangle et dont la pointe pant par-dérière; quelques jeunes le portent a même leurs cheveus le matin. Si èles vont *en vile*, a *Issoudin*, ce mouchoir, souvant ramplacé par un foulard, est mis en *bângon*. Aus environs de La Châtre, le bonet paillé est ramplacé par la *coéfe*, coifure pitoresque qui en difère assez.

— On apèle encore *béguin* un bonet d'enfant (Ic).

Bejiji, *n. m.* (pron. *be-ji-ji* ou *bji-ji*; onomatopée). Rémouleur (S).

— Sin. *Bijiji.*

Bel. *Avoèr bel de*, avoir beau (Ch). *Ale avait bel de tirer!...*

— Avoèr tout le taps voulu (Ch). En partant a cinq *heûr's*, il *avait bel* d'ariver pour neuf.

— *Avoèr bel a*, avoir beau (Ch). *J'ai bel a yi* dire: *al'* n'en fait *rin.*

Bélaud, *n. m.* Terme d'amitié qu'on emploie a l'égard de tout jeunes enfans (Ic). Dis *rin*, mon *bélaud, cri' pas.*

Bélemant! *int.* Tout beau, doucemant (Ic). S'emploie souvant pour arêter *queuqu'uns* qui *v'lont s'sauter sus l'poèl.*

Béler, *v. n.* (lat. *balare, belare*, bêler). Dézirer ardammant (Ic). *Dit's don* pas *qu'a* veut pas *s'marier*: *ale* en *bèle* au *contrére.*

Béluète ou **Bélvète**, *n. f.* (de *belu*, étinsèle en provansal: *be*, du lat. *bis*; *lu*, parant de lueur). Bluéte, étinsèle (Ic).

> Fai un jour galoi e blu,
> Lou souleù d'iver escandibo,
> Soun dardai ris dins l'erbiho
> E trauco li pin de milo *belu*. (AUBANEL).

Il fait un jour joyeus et bleu, le soleil d'hiver resplandit, ses rayons rient dans l'herbe et trouent les pins de mile étinsèles.

Bénaîze, *adj. m.* et *f.* (bien aize). Heureus fiziquemant ou moralemant, ressantir du plaizir ou de la volupté (Ic). Si *j'yi dounais* pas *c'qu'i yest* du, *j's'rais* pas *bénaize.*

— Sin. *M'naize.*

— Contr. *Enmalaize.*

Bénâte, *n. f.* (de bène, sorte de nacèle d'ozier). Hote (S).

— Sin. *Benote* et *butet.*

— Dans le Midi, on apèle *benastou* un berceau, sans doute d'ozier.

— La benâte est très comune dans le sud de notre départemant: chaque ménaje en possède au moins une, qui sert à porter soit du trèfle pour les bestiaus, soit des raves, soit du fumier.

— Très fam. Vantre de fame.

— Sin. *Pégnier, sa* et *bezace.*

Bénâtée, *n. f.* Le contenu d'une *benâte.*

Bénêtier, *n. m.* (de bénir, ansien fr. *bénéir*, italien *benedire*, du lat. *benedicere*). Bénitier (Ic).

> Item donnè aux amans enfermes,
> Oultre le lay Alain Chartier,
> A leurs chevetz de pleurs et lermes
> Trestout fin plain ung *benoistier*. (VILLON).

— Sin. *Béniquier.*

Béniquier, *n. m.* Sin. de *bénêtier* (S).

Bénite, *p. passé* du *v.* bénir. L'*i* de ce mot est long dans *iau bénite* (eau bénite); ailleur il est bref. Si messieurs les courtisans ont accoustumé de contenter les hommes par leur eau *beniste*; qu'ils n'attendent pas de faire le semblable à Dieu. (CALVIN).

Béquiau, *n. m.* (du lat. *bestialia*). Bétail (S).

— Sin. *Bésquiau* et *béstiau.*

Berbiaje, *n. m.* (pron. be-rbia-je; de *berbis*). Bêtes a laine prises dans leur ensamble (S). *Ale a queuqu's boéss'lé's d'têres et a tint* un peu *d'berbiaje.*

Berbis, *n. f.* (pron. be-rbis; ansien fr. *berbis*, du lat. *berbicem*, autre forme de *berbecem*, berbis; lat. litéraire *vervecem*). Brebis (S).

— Sin. *Oueille.*

— V. VASSIVE, VASSIVIAU, ROGRON.

Berdadou, *n. m.* (pron. be-rda-dou; onomatopée). Le bruit du tonère ou simplemant le tonère (S). **I crés n'aùrins do berdadou quiét' neut* (je crois que nous aurons du tonère cète nuit).

— Sin. *Tambour de ghernouilles.*

Berdasser, *v. a.* (pron. be-rda-ssé). Secouer en faizant du bruit (S). As-tu fini *d'berdasser* la porte?

— *V. n.* Même sans.

Berdat, *adj.* et *n.* (pron. be-rda). Qui a de la badauderie, qui est un peu bête, qui manque d'adresse, de ruze (S).

— Sin. *Berdin, bordin, bourin, bouzin, berlot, couillon, couillantin, con, nicon, niguedouille, godiche, bésquiot, zozot, sozin.*

Berdin, e, *adj.* et *n.* (pron. be-rdin). Sin. de *berdat* (S).

Bérdis, bérdas, onomatopée. Bruit que fait le moulin quand on sasse (Ic).

* **Berdossa**, *v. a.* (pron. be-rdo-ssa). Cahoter (S).

— *V. n.* Même sans.

— Sin. *Soucasser.*

Berdosser, *berdossa* fransizé (S).

Berdosseus, ze, *adj.* Cahoteus (S). Un chemin *berdosseus.*

Berdouille, *n. f.* (pron. be-rdouill'). Gros vantre, bone bedaine (S).

— Sin. *Bazane.*

Bérjer, *n. m.* (é bref). Berjer (Ic).

Bérjére, *n. f.* (On pron. souvant *bérjé'* : ce dernier *é* long tandu a cauze de la supression de l'*r*). Berjère.

— V. COLET.

Berjére, *n. f.* (pron. be-rjé-r'; vieus fr. *bruière,* de *brugaria,* diminutif du breton *brûg,* bruyère). Bruyère (S).

— Sin. *Bérvére.*

Bérjie, *n. f.* Berjerie (Ic).

Bérjot, *n. m.* (pron. be-rjo; de *berbicem,* brebis). Insecte qui s'atache aus moutons (S).

— Doit être un sin. de *bérlin.*

Bérlin, *n. m.* Insecte qui s'atache aus moutons (Ic).

Bérlingue, *n. f.* Boule faite de pomes de têre cuites et écrazées, dans laquèle entre de l'euf, du graissaje, du sel, du poivre, du persil et qu'on fait dorer au four. Grosse come une boule de billard (S). Més assez bon, mais encore tout chaud.

Bérlot, *n. m.* Sorte de banquet campagnard qu'on fait pour célébrer la fin de la moisson (Ic). Depuis l'invansion des moissoneuzes, ce grand repas tradicionel tant a disparaître.

— Sin. *Gueuleton.*

Bérlot, e, *adj.* et *n.* Qui est simple, qui est sans finesse d'esprit (Ic).

— V. BERDAT.

Berloque, *n. f.* (pron. be-rlo-qu'). Mauvaize montre. Ta *berloqu'* va *coum'* ta tête.

— *Bat'* la *berloqu',* ne savoir trop ce qu'on dit.

Bérlu, e, *adj.* et *n.* (même orijine qu'*aubérluchés*). Qui louche (Ic). T'as *d'bèl's tèt's* et *d'bèl's fess's* et des *fossèt's* un peu partout : c'est *d'maj' qué tù sèy's* un brin *berlue* !

Bérnâche, *n. f.* (pron. be-rnâ-ch'; italien *vernaccia,* sorte de raizin et de vin blanc). Vin qui n'a pas cuvé (Ch-s-I).

— Sin. *Vin dous.*

Bernique, berniquète ! *int. négatives* (Ic). *I crayait bin l'avoèr,* mais *bérnique* !

Berniques, *n. f. pl.* (ansien fr. *bericle,* de *berycülus, beryclus,* diminutif du lat. *beryllus,* cristal et lunètes au moyen âje). Lunètes pour persones ajées (Ic).

Bérnous, e *n. m.* et *f.* (de Brène, partie du dép. de l'Indre ; *brène,* du bas lat. *briona, bria,* bruyères). Qui est de la Brène, contrée remarquable par ses nombreus étans.

Bérnous, *n. m.* (s insonore ; de l'arabe *bornos*). Burnous ou sorte de manteau a capuchon (Ic). Le bérnous est plus *monsieu* que la *limozine.*

— V. LIMOZINE.

Bérouâiller, *v. unip.* (pron. bé-rouâ-yé ; de *bérouées*). Tomber une pluie très fine en forme de brouillard (Ic).

Sin. *Bérouasser, bérouer, brouillasser, fumâiller.*

Bérouasser, *v. unip.* (pron. bé-roua-cé). Sin. de *bérouâiller.*

Bérouées, *n. f. pl.* Brouillard qui couvre la têre et qui empêche de voir a distanse (Ic). A la saizon des vandanjes, *ya* souvant des *bérouées* l'matin.

Bérouer, *v. unip.* Sin. de *bérouâiller* (Ic). Ça *broue.*

— Dans l'ex. ci-dessus, remaquez entre le *b* et l'*r* la supression de l'*é.*

— Blé *béroué,* blé qui a soufert du brouillard et dont la paille a des petites taches noires ; le grain se trouve ridé et pèze peu.

— Sin. *Ghérlit.*

Bérouète, *n. f.* (au XIIe siècle *beurouaite,* en wallon *berouète,* diminutif de *berouе,* lat. *birote,* chariot a deus roues dans les auteurs romains). Brouète (Ic).

— Sin. *Céviè'-roulèle.*

Berse, *n. f.* Berseau (S). Ne regrète pas, ma petite brune rondiche, d'avoir fait ce joli bâtard qui dort de si bon cœur dans sa petite *berse* ; puisque son père refuze de le reconaître, je serai le sien : prans cète bourse et élève-le — et sois saje !

> A qui ma maire, à la testiero
> De ma *brèsso,* souvènt vihavo de niue 'ntiero.
> (ROUMANILLE).

La ma mère au chevet de mon berseau, souvant veillait des nuis entières.

Bérvére, *n. f.,* sin. de *berjére* (Ic).

Berzinades, *n. f. pl.* (pron. be-rzi-na-de'. Sansacion de picotemant qu'on ressant souvant dans une jambe après avoir été lontans assis, ou dans un bras, ou dans une main (Ch).

— Sin. *Fromis.*

Bésquiau, *n. m.* Sin. de *béquiau* (S).

Bêsquiot, e, *adj.* et *n.* (s sonore ; de bête, autrefois *beste*). Sot, niais (Ic). Est-i *bêsquiot, c't* enfant la !

— V. BERDAT.

Béstiau, *n. m.,* sin. de *béquiau* (S).

Bête. Ce mot est souvant fait du *m.* quand il dézigne un animal mâle ou une persone du sexe masculin. Tu *laîras* pas *c'pour' bête* (*laîras,* laisseras ; *pour',* pauvre).

— V. MASCULIN.

— Dans le S on fait avec la laine des brebis brunes des bas ou chausètes dont la teinte est dite *couleur de la bête.*

Bête a chagrin, *n. f.* Apellacion de toute bête dont la mort produit généralemant du chagrin, come un oizeau en caje par example.

Bête âzine, *n. f.* (du lat. *asinus* ou du provansal *ase,* âne). Ane ou ânesse (Ic).

> N'ero rèn qu'uno enfant dessus un *ase* gris
> Que de long d'un draiou anava plan-planeto ;
> E pèr lou proumié cop vesièu la chatouneto
> Que, segur, m'avié jamai vist.
> (AUBANEL).

Ce n'était rien qu'une gamine sur un âne gris qui, le long d'un sentier, s'en alait tout doucétemant ; et pour le premier coup je voyais la fillète qui, a coup sûr, ne m'avait jamais vu.

Bête-Rouje, *n. f.* (pron. bêt'-rou-j'). Ciron (Ic). — Sin. *Roujet.*

Bêter, *v. n.* Faire la bête, le plaizant, le taquin (Ic). *Fransoès eum' bin bêter.*

Bêtize, *n. f.* Parole plus ou moins obcène.

Bêtizieus, ze, *adj.* et *n.* Qui se plaît a dire des bêtizes. Il est tout *d'minme* un peu trop *bêtizieus !*

* **Beû**, *adj.* (*eu* ouvert ; du lat. *bellus*). Beau.

Cré cochon ! *qu'l'as d'bèl's lèt's*, ma fille,
Et *d'bèl's* jamb's et *d'beûs* bras *itou !*

Beu, *n. m.* (lat. *bovem*). Beuf. *Un' chouz' qué j'tais* point contant, c'est qu'*i piquiont in beu roussiot pou l'fé' couri ; il étiont troès* gas habillés d'rouje. (*Réveil de la Gaule*, octobre 1891).

Beûgne, *n. f.* (samble être un frère de bigne). Trou fait par un clou de toupie (St-Georges).

Beûgnon, *n. m.* Beignet (Ic). Ce més est un de ceus qui flatent le plus... la gueule des Bérichons... et des Bérichones. On s'en régale spécialemant le dimanche des brandons.

Brandounons la *gnèle*
Et les *échardons* :
La *vieill'* dans *l'coin* du feu
Fait cuir les *beûgnons.*
(*Couplet populaire* qu'on chante en *brandounant*).

— Sin. *Sansiau* (dans quelques cantons du Cher, d'après la *Revue du Centre*, nº de mars 1889).

Beûquier, *n. m.* Gardeur de beus (Ic).

— Sin. *boare* et *boère.*

— V. Bouyer.

Beûre, *n. m.* Beure.

— *Avouèr* pas *l'nez froté d'beûre*, être fin (Ic).

— *Savoèr pourquoé l'*chat veut pas *d'beûre*, éxpression qui s'emploie quand on parle d'une persone qui se vante d'avóir refuzé une choze a laquèle èle tenait et qu'on ne lui a point oferte (Ic). Si une fille par éxample dit avoir refuzé en mariage un gas qu'èle brûle d'avoir et qui ne veut point d'èle, on peut employer l'éxpression ci-dessus et dire : *J'sais pourquoi...*

— *Fér'* son *beûre*, prélever de gros bénéfices plus ou moins honêtes. Qu'*ou* dize *éc'* qu'*ou voura*, en atandant, a *fait* son *beûre.*

— *Promèt' pus d'beûr' qué* d'pain, promète des avantajes trop grans pour les tenir.

— Tourner en *beûr' dé* bique, tourner en rien, s'en aler sans trop savoir comant, en parlant d'un héritaje, de somes a soi dues. *J'voès bin qu'*tout ça, ça va tourner en *beûr' dé* bique et *qu'j'en* toucherai pas un sou.

— *Avoèr* du *beûre* au cu, en parlant d'une fille a marier, avoir des écus.

— Voici une amuzète ou rantre le mot *beûre ;* la difigulté, c'est de la réciter très vite :

Si *j'étais p'tit* pot a *beûre*,
J'mé dép'tipotabeûr'rais bin ;
Mais *coume cj' seus* pas *p'tit* pot a *beûre*,
J' peus pas *m'dép'tipotabeûrer.* (Ic).

— V. Âpis et rat.

* **Beûre**, *v. a.* (lat. *bibere ;* pron. bib're). Boire.

— Conjug. : *I beus, ti beus, o beut, n'beuvins, ous beuvé, i beuvint ; i beuv'lle, ti beuv'lle, o beuv'lle, n'beuvyins, ous beuvié, i beuvyint ; i b'vis* (ou *b'guis*), *ti b'vis, o b'vit, én' b'viyins, ous b'viyé, i b'viyint ; i beurai*, etc. ; *i beuille*, etc. ; *beus*, etc. ; *qu'i beuve*, etc. ; *qu'i b'visse* (ou *b'guisse*), etc. ; *beûre ; beuvant ; bu, bude.*

Faucheurs, prénans courage,
Nous vans bientôt châbà ;
Lé-bas, dessous l'oumbrage,
N'érans nous régalà :
En goûtant la caillade,
En léchant le ragou,
En *beuvant* ne lampade
De boun vi berrichou.
(F. Mettoux, patois de la Creuse).

Vans, alons ; *châbà*, achever ; *caillade*, lait caillé ; *ne*, une ; *lampade*, un bon coup ; *vi berrichou*, vin bérichon.

— Sin. *boére* et *biber.*

* **Beûre**, *n. m.*, fait quelquefois *f.* Boire. *Do beûre* aus cochons.

— A *beûré ! int.* Sert a apeler les pors a l'auje.

Beûrée, *n. f.* Ce qui reste du lait quand le beure est fait (Ic).

— V. Bégaud.

Beurm'-Pan, *n. m.* (de *beurmer ; pan*, pain). Apellacion de tout endroit ou, ne récoltant pas de quoi vivre, les gens sont dans la mizère.

— Sin. Toutifaut.

— V. Braime-Pain.

Beurmer, *v. n.* (pron. beu-rmer ; frère de bramer, italien *bramare*, convoiter, dézirer ardammant). Beugler (S). Les bêtes a cornes beurment quand èles ont faim, qu'èles s'ennuient ou qu'èles ont du chagrin.

— Sin. *Breumer, braimer* et *breuiller.*

— *V. a.* Même sans. La *Joli' beurm'* son veau.

— Beurmer, *v. n.* Pleurnicher, jeter des cris pour rien. Se dit surtout des enfans.

— Mêmes sin. que ci-devant.

Bezague, *n. f.* (on pron. généralemant b'za-gh'). Choze de peu de valeur (S).

— Sin. *Vezague* et *gnognote.*

Bézoin. *Fér' bézoin*, faire faute. *J'fais bézoin* a la *mainzon*, faut *qué j'm'en ale.* — Si ça vous *fait bézoin*, vous *m'péy'rez* une *aut' foès.*

— C'est pas *d'a bézoin*, éxpression énerjique qui veut dire : il n'y aura pas de pardon. C'est pas *d'a bézoin*, si jamais *j'lé pins', j'lé cass'* les reins !

— *Fér'* ses *bézoins...* chier.

— Sin. poser son *pâlalon, fér'* son *péquia.*

Bezou, *n. m.* (on pron. généralemant be-zou). Vantre (Bélâbre). Veux-tu cacher ton *bezou*, petit polisson.

— Sin. *Bibi.*

* **Bia**, *n. m.* (v. fr. *bled ;* provensal *blad* ; basse latinité *bladum, abladum*, avec le sans de blé récolté). Seigle et quelques fois froment.

Li *blad* verd se soun daura ;
L'aire brulo e la caud acraso.
(Aubanel).

Les blés vers se sont dorés ; l'air brûle et la chaleur écraze.

— Sin. *Bié* et *Seille*.

Biard, *n. m.* Grosse buze (Urciers).

— *N.* de famille dans diférans endroits de l'Indre.

— Sin. *Bure, buje* et *bûjat*.

Biau, *adj.* (lat. *bellus*). Beau (Ic). Et endementiéres que je alloie a Blehecourt et a Saint-Urbain, je ne vouz onques retourner mes yex vers Joinville, pour ce que li cuers ne me attendrisist dou *biau* chastel que je lessoie et de mes dous enfans. (Joinville). Traducsion : *Et pandant que j'allais a Blehecourt et a Saint-Urbain, je ne voulus jamais retourner mes yeus vers Joinville, pour ne pas avoir le cœur atandri du beau château que je laissais et de mes deus enfans.* — Afin que les grans merveilles et li *biau* fait d'armes, qui sont avenu par les grans guerres de France et d'Englcterre et des royaumes voisins, dont li roy et leurs consaulz sont cause... (Froissart). (*Li*, les ; *consaulz*, conseils). — *Saquérdié* ! si vous ne *déjeunissiez* point *cheux* nous, ça serait du *biau*. (Arthur Ponroy).

> Et quant li rois les a veüz,
> De joie fu toz esperduz.
> Puis a dit au vilain : « *Biaus* mestre,
> Je me merveil que ce puet estre
> Que si toz gariz les avez (*Le vilain mire*).

(*Vilain*, payzan ; *mire*, médecin).

Biaubiau, *Fère él biaubiau*, faire le gentil, le prévenant, par hypocrizie (Ic). Ça *fait l' biaubiau* par *dévant* et par *dériér'* ça vous *mét noèr coum'* la *ch'minée* !

Biauce, *n. f.* Tère grasse, propre à faire du mortier (Ic). *Dépus qué j' marnons ceus biauces a dounont bin.*

Biaude, *n. f.* (fr. blaude). Blouze (Ic). Mon pârain est un payzan grand et solide, un peu sec, au teint hâlé, aux moustaches rudes, a la *biaude* bleue, au gros souliers fêrés ; célibataire, son plus grand plaizir, les jours de fêtes et dimanches, c'est la chasse dans les grandes plaines issoldunoizes ; il a l'euil bon et voit de loin le lièvre et la *dröyére*.

Biber, *v. a.* (ce *v.* a du être ansiènemant *bibe*, du lat. *bibere* ; on l'aurait modernizé en y ajoutant la terminaizon *er*, come on a fait pour *suver*, suivre). Boire certaines chozes de dous et de coulant et qu'on peut avaler en une seule fois (Ic). On dit que le coucou *bibe* les eus pour se doner de la vois.

— Fig. *Biber* des yeus, regarder avec convoitize. O Marie, j' te *bib'* des yeus !

— V. Manque.

Bibi, *n. m.* (a peutêtre la même origine que *bit* ; à Bercenay-en-Othe, Aube, une mère apèle familièremant *bitri* le nombril de son petit enfant). Vantre des petis enfans (s). Veus-tu cacher ton *bibi*, *p'tit'* polissone !

— *Rouj' coume in bibi*. Se dit de persones dont le teint est animé (Saint-Aout). Mon grand-*pér'*, *rouj' coume in bibi*, *i m'* dit : Gas, *vois-tu*, faut *savoèr s'* conduire; *aim' gandiller* et *boés* du bon vin. (*Réveil de la Gaule*, janvier 1889).

Bibi, *n. f.* Chèvre (s). Ce terme sert surtout a l'apeler, a la flater.

— Sin. *Chébe, chieuve, chébrate, chébrèle*.

V. Cho et Bicot.

Bibraje, *n. m.* (de *bibere*, boire). Breuvaje (environs d'Argenton). *L'* vin *aujordui*, c'est *qu'* du mauvais *bibraje*.

Bicher, *v. a.* (Samble dériver de bec, lat. *beccus*, que Suétone cite come un mot d'origine gauloize); bicher a pour frère le charantais *biquer* et le champenois *bizer*). Appliquer sa bouche sur le vizaje, la main ou un objet quelconque pour le baizer (Cours les-Barres, Cher).

> Moi, j'ai *biqué Madam'* dans *nin* champ de *garouille*.
> Jules Chapelot.

(*Garouille*, maïs).

— Sin. *bijer* et *biner*.

Bicot, *n. m.* (de bique). Chevreau (S).

— Sin. *Biquiat, biquion, chébril, chébrilignon* et *chévériau*.

***Bleu,** *adj.* et *n.* (d'origine germanique : ansien haut alemand *blao*, bleu). Bleu.

— Sin. *blu*.

***Bieuve,** *adj. f.* (l'eu de bieuve est fermé, come dans feu). Bleue. *Un' jar' tére bieuve*.

Bigot, *n. m.* (la partie *bi* indique deus). Sorte de houe a deus pointes du même côté (S).

— Sin. *Térian*.

Bigre ! *int.* Marque l'admiracion ou l'étonemant. *Bigre!* tu l'es, bèle !

— Sin. *Bougre*!

Bijée, *n. f.* (de bijer). Baizer ou plutôt bon baizer *Un' boun' bijé' sus* la bouche !

Bijer, *v. a.* Sin. de *bicher* (Indre).

> Tout le long du bois,
> J'ai *bijé* Jeannète ;
> Tout le long du bois,
> J' lai *bijé'* trois fois.
> (*Couplet populaire*).

Bijiji, *n. m.* Sin. de *bejiji* (Ic).

Billet. En *fout'* son billet, en doner sa parole d'honeur, en faire le sermant (S). *J'* vous en *fous* mon billet *qu'* ça s'ra pas vrai !

Bin, *n. m.* (lat. *bene*). Bien. Ça *ya* fait du *bin*.

— A bin, loc. adv. À bien.

— En bin, *loc. adv.* En bien.

— Bin que, *loc. conj.* Quoique.

— Bin pus, *loc. adv.* bien plus.

— Contr. *mau*.

— Nota. Ne pas dire *bin* pour propriété; on dit come en fr. : *bien*.

Bin bien, *loc. adv.* (italien *ben bene*, très bien). Beaucoup, pas mal, très bien (S). *Ya-t-i* beaucoup *d' poum's* de tère ? — *Yen* a *bin bien*. — *Avou* vu *l'* nouveau *ch' min ?* — Oui, il est *bin bien* fait.

— Sin. *Bin trop bin*.

Binète, *n. f.* La figure. A souvant un sans dépréciatif. Voyez *don c'té joli' binéle* !

Binoche, *n. f.* Binète (instrumant de jardinaje).

Binocher, *v. a.* Biner un têrain.

— *V. n.* Même sans.

Binochon, *n. m. Binoche*.

Binure, *n. f.* Travail de jardinaje fait avec une binète.

Bin trop bin, *loc. adv.* Beaucoup (Ic). *Ya-t-i aucor' bin trop bin d' vin dans l' poinson?*
— Sin. *Bin bien.*

Biole, *n. f.* (v. fr. *belue*, d'ou bluète : *be* du lat. *bis* (pluzieur fois), *luc*, parant de lueur). Étinsèle (Ch).
— Sin. *Béluète.*

Biquion, *n. m.* Sin. de *bicot* (Ic. et Ch.-s.-I.)

Biquion gras,
Ou *qu'* tu *vas*?
— A Châtillon!
— Quand *don qu'* tu *r' vinras*?
— Jamais!

Cète sorte de couplet ne se chante pas, mais se dit en imitant le cri du chevreau, surtout avec le mot *jamais.*

Biquiouner, *v. n.* Mètre bas en parlant d'une chèvre (Ic).
— Sin. *Fér' chébris.*

Biron, *n. m.* (de *pire*, oie a Bélâbre.) Oizon (Lignères, Cher). Ce terme sert surtout a l'apeler. *Biron! biron!*
— Sin. *Pilot* et *ochon.*

Biroune, *n. f.* Grosse vrille (outil) (S).
Sin. *Pércète.*

Bisson, *n. m.* (diminutif de *bois*, provansal *bosc*, italien *bosco*, latin *boscum*, *buscum*) Buisson (Ic).
— Louis XIV, qui prononsait *âbre* le mot *arbre*, dizait égalemant *bisson* pour *buisson*. Avis à ceus qui dizent que nous parlons mal!
— Sin. *Boésson, plant, trainne* et *bouchure.*

Bit, *n. m.* Sin. de *bite.* (Environs de Romorantin (Loir-et-Cher).

Bitaud, *n. m.* (de *bit* ou *bite*). La troizième branche d'une fourche, beaucoup plus petite que les deus autres (Ic).
— Sin. *Bitochon.*

Bite, *n, f.* Mambre viril. Ce terme, qui est le mot voluptueus par écsélanse, est fort employé et se dit sans grande gêne. J'ai souvant entandu de grandes persones interpéler ainsi des gamins : Atans, atans, *p'tit* polisson, *si j' t'atrape, j' té coupe la b...!*
Sin. *Bit, bitaud, bitochon, vi, pine, pinète, bracmart, queue, couète, quéquète, berlète, berline, ghérlète, ghérliche, gherluchon, gherdeùche, chatouille, fertouille, avanse, jambe, douzi, chien, saloperie, corne d' chébe, dévartissoer.*
Contr. *Courte.*
— Ça va ça *vint coum'* la *b...* a Bontans, expression qui veut dire : Ça se brouille, ça se racomode (Ic).
— Sin. Ça va ça *vint coum'* les *couill's* a Caraba.
— La Bitte, n. d'un hameau com. de St-Cyvran. Il paraît qu'une fois un gas de ce vilaje, se mariant avec une fille du vilaje du *Çouny*, le curé a eu, en confesse, beaucoup de peine a leur aracher à chacun le n. de leur endroit respectif.

Bitochon, *n. m.* Sin. de *bitaud* et diminutif de *bite* (Ic).

Bizaigue, *adj.* (*biz* du latin *bis*, deus fois et *aigue*, latin *acrem*, aigre). Aigre, en parlant du vin. Le mot fr. est *bezaigre.*

Blâme, *adj.* des deus *g.* et quelquefois *n.* (Mot d'orijine germanique, scandinave *blâmi*, bleuâtre, puis livide). Blême (Ic).

Blanc. *Le dimanche blanc*, celui qui précède les Rameaux (S).
— *Ét' counu coume él* loup blanc, être très conu, archi conu.
— Soupe blanche, soupe au lait.

Blète, *n. f.* Béterave.
— Avec la béterave potagère, on fait en Béri, du côté d'I., un plat exsélant. On l'a fait d'abord cuire a l'eau ou au four dans la braize, puis on la dépèce par petis morseaus aussi minses que possible; cela fait, on l'a fait frire dans du bon graissaje, puis on y ajoute une sauce blanche; on la laisse encore sur le feu assez longtans et enfin on sert.

Bleu ou **blo!** *int.* Sert a apeler les pijons. *Bleu! bleu! bleu!*

Blon! onomatopée. Exprime le bruit que fait un cors qui tombe dans l'eau (Ic). *V'la* tout a coup *qu'* j'entans : *blon! J'* cours. C'était la *Mari'* qui *m'nait d'* tomber dans la *rivière!*

Blonde, *n. f.* Fiansée, fille qu'on fréquante (Ic).

Ieux sont mis en chemin
Châcun anvec sa blonde.
Ieux sont pris par la main
Pour baller une ronde.
(Ch. de Laugardière, *Noëls Nouviaux*).

— Sin. *Bonami.*

Blu, e, *adj.* (mot d'orijine germanique, de l'ansien haut alemand *blao*, bleu) Bleu, bleue (Ic).

L'un avec sa couleur *bleue*
Nous veult esblouyr la veue (Th. de Bèze).

Sus li serre *blu*, i'a 'n moumen,
La luno espincho douçamen,
Coume uno nouvieto crentouso. (Aubanel).

Sur les colines bleues, il y a un instant, la lune doucemant épie, come une fiansée peureuze.

Boare, *n. m.* (pron. boa-r'; du lat. *bovarius*, qui garde les beus). Bouvier (Ic).
— Sin. *Boère* et *beuquier.*
— V. Bouyer.

Bobluches ou **bobluques,** *n. f. pl.* (du lat. *biluscere*, briller pluzieur fois). Sin. d'*auberluches* env. d'Eguzon).

Bodaud, *n. m.* Veau mâle (Ic). S'emploie souvant pour le flater. Il est mignon, *cé p'tit bodaud*, il est mignon.
— *Pleûrer coume un bodaud*, pleurer niaizemant. Se dit des enfans.
— Sin. *Bodel* et *bodit.*

Bode, *n. f.* (patois lionais *boda*). Jeune vache, veau femèle (Ic).
— Sin. *Tore, toriche, bodoche, bodiche, vêle.*

Bodet, *n. m.* Sin. de *bodaud.*

Bodiche, *n. f.* Diminutif de *bode* (Ic).

Bodin, *n. m.* (parant de boyau, lat. *botellus*; *bodin* come *botellus* sont les diminutifs d'un supozé *bot*). Boudin (Ic).
— *J'ons* fait cuire *él bodin.* (Ch. de Laugardière).
— N. de famille (Ste-Lizaigne).

Bodinoère, *n. f.* Sin. de *boudinoère* (Ic).

Bodit, *n. m.* Sin. de *bodaud* (Ic).

Bodoche, *n. f.* Sin. de *bodiche* (Ic). *Ale est mignoune, ma p'tit' bodoche, ale est mignoune!*

Boème, *n. f.* (a raprocher du lionais *bôyi*, jeune fille). Fillète de deus a douze ans (Chabris, Valençay, Selles-sur-Cher). Ta *boèm' f'ra un' joli' fumèle.*

***Boéra,** *v. a.* Mêler. *Las feuill's* de ton *liv'* sont *boérades.*

Boère, *n. m.* Sin. de *boare* (Ic).

— A propos de ce mot, voici l'ordre des grades parmi les domestiques de domaines : *zoâzougnier, porcher, vacher, bérjer, bricolin, boère, laboureus d' beus, laboureus d' p'tis ch'vaus, laboureus d' grans ch'vaus.*

Boére, *v. a.* (lat. *bibere*). Boire (Ic).

— Conj. : *J' boés, tu boés, i boét, j' beuvons, ous beuvez, i beuvont; j' beuvais; j' boérai; j' boérais; boés; qué j' beuve; beuvant; bu, bute.*

> Ce dist del lou et de l'aignel,
> Qui *bevaient* a un ruissel :
> Li louz a la sorce *bevoit*,
> Et li aignels aval estoit. (Marie de France).

Remarquez que *lou* et *aignel* dans la première ligne n'ont pas d's tandis qu'ils en ont une plus loin, étant sujés : c'est une règle générale au moyen âje.

Boère sus tèle ou tèle plante, boire de la tizane faite avec cète plante. *A boét sus l'rambe.*

— Boére, *n. m.* Boire (Ic).

Boérole, *n. f.* Nasse (Ch).

— Sin. *Nanse.*

— V. Bourole.

Boérolon, *n. f.* (de *boérole*). Petit panier d'ozier, de forme arondie (Ch).

— Sin. *Bourole, boutron, pégnier boutron, boutroune.*

Boès, *n. m.* (è distandu, come dans forêt). Bois.

— Porter *bin* son *boès*, avoir des alures plus jeunes que cèles de son âje, quand on est vieillard.

— Quand on va au *boès*, on raporte son fagot, proverbe qui signifie, en parlant d'une jeune fille, que, quand on se laisse câresser, on devient... grosse (S).

— *Savoèr pas d' queul boès fé' chuille* être fort embarassé, ne savoir quel parti prandre.

Boèsson, *n. m.* (de *boès*). Buisson (Ch).

> En mai estoie, ce sonjoie,
> El tens amoureus plains de joie,
> El tens ou toute riens s'esgaie,
> Que l'on ne voit *boisson* ne haie
> Qui en mai parer ne se voile,
> Et couvrir de novèle foille.
> Guillaume de Lorris, (*le Roman de la Rose*).

Je sonjais que j'étais èn mai, dans le tans amoureus et plein de joie, dans le tans ou toute choze s'égaie, ou l'on ne voit buisson ni haie qui ne se veuille parer de fleurs, et couvrir de nouvèles feuilles.

> *Arguièrre* et la *Marichon*
> *Fons* la fête !
> *Qu'a chantons coume* un pinson
> *Fons* la fête,
> *Fons* la donc !
> *Qu'a chantons coume* un pinson,
> *Fons* la fête !
> Qui *vôle entermi l' bosson,*
> *Fons* la fête !
> *Fons* la donc !
> (Ch. de Laugardière, *Noëls nouveaux*, 1857).

— Sin. *bisson.*

Boétier (de montre), *n. m.* La partie d'une montre qui ranferme le mouvemant (Ic).

Boghière ! *int.* Sert a exprimer le dégoût, la répugnance (Ch). En fr. on dit pouah.

Boin, *n. m.* Endroit ou l'on met des fruis pour qu'ils achèvent de mûrir. Les fruis eus-mêmes (Ch). Un *p'tit boin* dans la paille.

— Sin. *mûriot.*

Bôler (se), *v. pr.* se rouler, se retourner en tous sans dans la boue (Urciers).

Bonami, *n. m.* Gas qui fréquante une fille, amant d'une fame mariée (Ic).

— Au *pl. bonamis.*

Bonami, *n. f.* Fille qu'on fréquante, maîtresse (Ic).

— Etimolojiquemant, j'aurais du écrire *bonamie*, mais l'*i* finale étant brève, je ne l'ai pas fait.

— Au *pl. bonamis.*

— Sin. *conaissanse* et *blonde.*

Bondé, *e, p.* passé du *v.* bonder (charjer). Rampli. C'était *bondé d' monde.*

Bond'la ou **bond'zi** ! *int.* Juron assez bénin (Ic). *Cré bond'zi !* c'est *coum'* si j'avais *avu un arsort dans moé; pus a m'argadait, pus ça m'bransillait;* si *bin qué j'mé seus* dit : *Faurait* pas *qu'ça dur'* lontans sans *yi douner d' l'air* a Labrande (*Réveil de la Gaule*, avril-mai 1891).

Bone, *n. f.* (au douzième siècle *bodne*, du lat. mèrovinjien *bodina* ; pron. *bod'na*). Borne (S).

> La terre meïsme partirent
> Et au partir *bones* i mirent,
> Et quand les *bones* i mettoient
> Maintes fois s'entrecombatoient, (Jean de Meung).

La tère même parlajèrent et a la séparation bornes y mirent. — Et quand les bornes ici métaient — Maintes fois s'entrecombataient.

> Finalement, en escrivant,
> Ce soir, seulet, estant en bonne,
> Dictant ces laiz et descripvant
> Je ouys la cloche de Sorbonne,
> Qui toujours à neuf heures sonne
> Le salut que l'ange prédit :
> Cy suspendy et cy mis *bonne*,
> Pour prier comme le cueur dit. (Villon).

Bonjou, *n. m.* Vizière (Ic). *Un' casquièt' qu'a pus d' bonjou.*

Bon sang ! *int.* Juron. N'exprime jamais une très grande colère.

Borbe, *n. f.* Bourbe (Ic). La *grouss' Léontin'* s'est *enfonsé'* dans la *borbe* jusqu'a la cuissé; si j'avais pas été la, *a yi s'rait* restée.

Borber, *v. n.* Former du pus en parlant d'une coupure, d'une blessure, d'une égratignure (Ic). *Aport'-moé don* ton joli *g'nou*, ma *fillaude; j'* m'en vas *t' mét' dé* la *lavand'* dessus, et ça *borb'ra* pas, *j'* t'en répons !

Borde, *n. f.* (provansal, catalan et italien : *borda*, cabane; de l'alemand : goth. *baurd;* ansien scandinave, bord ; ansien haut alemand, *bort*, table, planche. Le mot est celtique aussi : gaél. *bord*, planche). Cabane, métairie. Ce terme ne doit plus être employé.

— Come *n.* de lieu le mot *borde*, au *s.* ou au *pl.*, ou suivi d'un *adj.*, dézigne une quarantaine d'endrois disséminés dans tout le dép.

— Borde, *n.* de famille (Ch).

— Desbordes, *n.* de famille (I).
— Bordat, *n.* de famille (St-Valentin).

Bordée, *n. f.* Promenade plus ou moins justifiée. *Faura qu' j' al' tirer un' bordé* par la.

Bordel! *int.* Juron, souvant suivi d'autres mos. *Bordel* de Dieu ! *Bordel* de sacré *bordel* !

Bordi, *v. a.* Mètre a bout de forses, a bout d'haleine, fatiguer. *J' finis ma lête* en vous dizant *qu'* j'arrive du bourg, et *j' seus bordi; j' dézir' qué* la prézante a vous *trouv' dé minme.* (*Réveil de la Gaule,* juin 1891).
— *V. n.* Rester en route, s'arêter par suite de fatigue. *Ya ti* des *ch'vaus* qui *yont bordi* a *c'te endret* la ! Eh *bin, Marie,* tu *bordis don ?*

Bordieu (l'), *n.* populaire de Déols, ansiène capitale du Bas-Bêri.
— V. Turquin.

Bordin, e, *adj.* et *n.* Qui a de la badauderie, qui est un peu bête, qui manque d'adresse, de ruze.
— Sin. *Berdat,* etc.

Bordine. *Mouch' bordine,* sorte de mouche plate et un peu jaune que tous les bestiaus redoutent, surtout les ânes. Maintes fois des farseurs en jètent une poignée au dêrière de ces bêtes pour en faire tomber le cavalier... ou la cavalière. Et dame ! ça les amuze !
— Sin. *Mouche pije.*

Bordinerie, *n. f.* Objet sans valeur. bagatèle. *C' qu'ou s'amuze* a des *bordin'ri's* pareilles !

Bordiolot, e, *adj.* et *n.* Diminutif de *bordin* (Ic).

Bordon, *n. m.* Gros insecte de la famille des abeilles, noir, brun ou blond (Ic). On le tue assez souvant pour lui ôter de l'abdomen une sorte de petite vessie pleine de miel.
— Sin. *Ferlon.*
V. Brégaud.
— Bordon, *n. m.* Cornemuze (Ic).

> *Hia !* sautons tout *à-n-un* rond,
> *Fons* la fête !
> *Quienn' i l'a* pris son *bordon,*
> *Fons* la fête,
> *Fons* la donc.
>
> Ch. de Laugardière, *Noëls nouviaux*).

Bordouner, *v. n.* Bourdoner.

> *Roch'ton,*
> *L' grous bordon;*
> La *Roch'toune,*
> *Ét ou yi bordoune.*
>
> (*Vers populaires* recueillis a Migny).

> Aallarz et Guicharz commencièrent un son,
> Gasconois fut li diz et Limosins li tons,
> Et Richarz lor *bordone* belement par desoz.
>
> (*Renaud de Montauban*).

Aalart et Guichard entonèrent une chanson, gascones furent les paroles et l'air limouzin; et Richard bourdone agréablemant, faizant la basse.
— Aalart, Guichard et Richard avec Renaud sont les héros du roman populaire *Les quatre fils Aimon.*

Bôre, *n. f.* Grain de poussière. *Iai eun' bôr' da l'eu* (J'ai un grain de poussière dans l'euil).
— Sin. Crasse, Éghernace, Bourier.

Borjon, *n. m.* Raie de chârue sur un têrain en triangle; les borjons sont de moins en moins lons (Ic).
— Sin. Braillon.

— Borjon, *n. m.* Petite toufe de laine (Ic). Les *oueill's laissont* des *borjons* aus *épin's* du *ch'min.*

Bornille, *n. f.* Ce qui est réduit come en bouillie; boue délayée (Ic). Tes *poum's dé têr'* sont en *bornille. Anvec un' bornill'* pareille, *j'* vas *éte oblijé d' arlever* mes jupons jusqu'aus *g'nous.*

Bote. *Avoèr* du foin dans ses botes, être à l'aize sous le raport de la fortune.
— Graisser les botes a quelqu'un, doner de l'arjant a une persone pour avoir son silanse, dans une afaire scabreuze. — Doner l'extrême-oncsion. (Expression irrévéransieuze).

Boûchâillon, *n. m.* Mauvais boûcher.

Bouche. *De bouche, loc. adv.* De vive vois. *Ou* dit mieus *c' qu' ou* veut *dir' dé bouch' qué* par *lête.*

Bouch'-four, *n. m.* Plaque de tôle pour boucher la gueule d'un four.
— Il paraît qu'en 1870, dans une petite comune des environs d'Is., on convoquait les gardes nacionaus a la manœuvre en frapant sur un bouche-four.

Boûcher. Boucher *un'* têre, un jardin, clore cète têre, ce jardin.
— Contr. *déboucher.*
— A Ch., quand la lune est au plein, le *bounoum* qu'on samble voir dedans, on dit qu'il porte sur son épaule une *fourchad'* d'épines, pour avoir voulu boûcher son champ le dimanche.

Bouche-trou, *n. m.* Le dernier enfant. Terme un peu réaliste, mais bien employé.

Bouchure, *n. f.* (de boûcher). Clôture vive.

> Je connais tous ses chemins creux,
> Je connais toutes ses prairies
> Et les sentiers des amoureux
> Bordés de *bouchures* fleuries.
>
> Emile Ferré).

— Sin. Traînne, *plant, bisson, boèsson.*

Bouchoner, *v. a.* Chifoner (S). *Oet torjou* pas vrai *qu' ti t' as laissad' bouchona per quio ghé ?* C'est toujour pas vrai que tu t' as laissée chifoner par ce gas ?)

Bouclé, e, *p. passé* du *v. boucler.* Se dit d'un porc auquel on a mis un aneau dans le nez pour l'empêcher de fouiller (S). *Un' treu' bouclée.*

Boucler. *Boucler* un porc, lui mètre un aneau dans le nez pour l'empêcher de remuer la têre (S).

Boudanfe, *n. f.* Vessie (Ic). *C' té boudanf dé* cochon *m' f'rait un' joli'* blague.— Lou negre Baracan, *boudenfle* d'iro, arribo, la masso aubourado. (Félix Gras). Traducsion : *Le noir Baracan, enflé de colère, arive, la massue levée.*
— Sin. Pedrouille et pedoère.

Boudife, *n. f.* (du v. *bouter,* pousser, ansien fr. *boler,* du moyen haut-alemand *bôzen,* même sans; parant de bouton). Ampoule.
— Sin. Boutife, cloque et bouillole.

Boudifler, *v. n.* Ampouler.
— Sin. Boutifler et bouilloler.

Boudin. Dans le S. on fait *des boudins* et a Châteaurous, I., *du boudin.* Les boudins se mètent a chapelés come les saucisses. Quand les fames sont sur le point de comancer a les faire, èles ne manquent jamais de demander quel est l'*home* qui va doner la *mezure*.

— V. Bodin.

Boudinoére, *n. f.* Sorte de petit entonoir servant à mètre le sang dans les tripes qui deviendront les boudins (S).

— Sin. Bodinoére.

Boufarde, *n. f.* Pipe. Terme santant l'argot.

Boufer, *v. a.* Soufler.

— Gaspiller son arjant, son bien. *Dé c' pas t'aras bintoût boufé* tout *c' qué* t'as.

— *V. n.* Soufler.

J'ai fait pour *l'achauffer*
Un régal de *bersille*,
M'y sée mis à *bouffer*
Pour que la *flâmme a jille*.
(Ch. de Langardière, *Noëls nouviaux*, 1857).

Un vent tiède, muet et de mauvais augure
Bouffait sur l'herbe morte et le buisson roidi.
Maurice Rollinat.

Tau qu'un bregand dins la fourèst,
La traito niue es à l'arrèst;
L'auro deja *boufo* plus frejo.
(Théodore Aubanel).

Tel qu'un brigand dans la forêt, la nuit traîtresse est a l'afût; le vant déjà soufle plus froid.

— Manjer vite ou de bon apétit. *A bouf bin*, la *garse*!

Boufeus, ze, *adj.* et *n.* Boudeur, boudeuze (Ic).

Boufignon, *n.* et *adj.* des deus *g.* Boudeur, boudeuze.

Boufignon s'en *va-t-a vêpes*,
Sa *chemiz'* dessus sa tête;
Boufignon est revenu
Sa *chemiz'* dessus son cu.
Prenez garde a *Boufignon*,
Foutez-yi des cous d'forgon.
(*Couplet populaire* qu'on chante aus petits boudeurs).

Boufouer, *n. m.* Souflet... pour boufer le feu (Ic).

— Par éxtansion, le dérière.

Boufrot, *adj. m.* Se dit d'une nois véreuze ayant un trou dans lequel on peut boufer (Ic). Un *noès boufrot*.

Boufrrrtt! *int.* marque l'étonemant, l'admiracion. *Boufrrrtt*! tu l'es bèle!

— S'emploie encore pour réprimander, éxciter quelqu'un de trop peureus. *Boufrrrtt!* ça va *t'* manjer!

Boughérmant, *adv.* Fortemant, beaucoup, très. Ta forte chevelure est d'un blond d'or et tes seins blans sont *boughérmant* riches, bergère.

Maito, éj' veux *bin* aller
Cheux vous, mais ca *vaurait bougrément d' pus qu'* vous *m'* dites.
Louis Miérault.

Bouges, *n.* de lieu (lat. *Vosagus*, dans Grégoire de Tours; pron. vos'g'ous'). Chef-lieu de com. aus environs de Levroux.

***Bougna,** *v. n.* (de *boin*). Achever de mûrir. Se dit des fruis cueillis avant tans et qu'on cache dans de la paille pour hâter leur maturité.

Boûgue, *n. m.* Mot équivalant a peu près a *diable* dans les éxpressions suivantes: *bon boûgue*, bon garson; *vilain boûgue*, mauvais gas; *pauvre boûgue*, pauvre diable. Deux bons chrétiens et un mauvais cheval, c'est bon à sauver, dit le Gaulois en se grattant l'oreille, mais le pauvre *b....* de boulanger, j'ai de fortes raisons pour le croire *f.....* (Arthur Ponroy, *la Paroisse de Valnay*).

— Devant une consone, *boûgue* se pron. généralemant *boughér*. *C' boughér* la *qui don qu'* c'est qu'il atant? *Boughér d'imbicile*! tu *voés don* pas *qu'i s' fout d' toé?*

— V. Bougrrr.

Bougresse, *n. f.* Le *f.* de *boûgre*. *Boune bougresse*, bone et grosse fille; *vilainne bougresse*, fame d'un mauvais caractère; *poure bougresse*, fille méritant la pitié.

Bougrrr! *int.* Equivaut a peu près a sacristi, a sacrebleu. *Bougrrr*! si *j' t'yi* pinse!

— *Bougrrr* est aussi quelques fois la prononsiacion de *boûgue* (Ic). *Pou p'tit bougrrr*! (*Pou*, pauvre).

Bouif, *n. m.* Cordonier (Ic). Se prant en mauvaize part. Bouif est a cordonier come bouquin est a livre, come rat de cave est a receveur des contribucions indirectes.

— Sin. *Gniaf*.

Bouignote, *n. f.* Petite croizée, petite fenêtre (Le Menoux).

V. Bouinote.

Bouije, *n. f.* (de bois). Tère ou était un bois et qu'on vient de mètre en culture (S). D'après le comte Jaubert, « terre labourable restée quelque temps sans culture. »

— Au sans de têrain défriché, *bouije* est peu employé et tant a disparaître.

Sin. *Défriche* et *défruchi*.

— Bouige ou bouiges, mot très conu come *n.* de tère. * La *Mariche* est *aus chams da las bouijes* (Marie garde ses bestiaus dans les bouijes).

— Les Bouiges, *n.* de lieus dans les com. de Celon, Lignac, Lourdoueix, Mouhet, Neuvy-S.-S.; Bouigevert, hameau de la com. de Pouligny-S.-P. Tous ces endreis sont situés dans le S. du départemant de l'Indre.

***Bouilla,** *v. a.* Ecraser. *L' grapaud*, la roue a *passa d'ssus*; *oz* est *bouilla* (*Grapaud*, crapaud; *passa*, passé; *oz*, il).

— Sin. *Ecrabouiller*.

Bouillé, *n. m.* (de *bouléyer* ou *bouliyer*). Foin mêlé a de la paille, pour la nouriture des bêtes a laine (Ic). La *bergé* est montée au *f'noi* pour *fé' él bouillé*.

— Ce terme sera bien vite disparu : on ne fait plus de bouillé maintenant dans les domaines.

Bouillie. *Fé' d'* la bouillie aus chas, lanser, pour la faire glisser et rebondir trois ou quatre fois, une petite piêre plate sur la surface de l'eau (Ic).

Bouillole, *n. f.* (de *boyau*, ansien fr. *boyel*, a l'orijine *boel*, en italien *budello*, du lat. *botellus*). Cloche formée sur la peau par suite d'une brûlure ou autre choze.

— Sin. *Cloque*, *boudife* et *boulife*.

Bouilloler, *v. n.* Former une *bouillole*.

— Sin. *Boudifler* et *Boulifler*.

Bouillon d'onze heûres, *n. m.* Poizon. Pour s'en débarasser, a 'ya fait *prande* un *bouillon d'onze heûres*, a *soun houme*.

Bouillouer, *n. m.* Sorte de long bâton au bout

duquel est emmanché un morseau de bois plus gros que le poing ; sert à faire le mortier (I).

Bouinote, *n. f.* Ouverture pratiquée dans les murs d'une étable, d'un hangar, pour doner du jour ou de l'air (Ic).

— Sin. *bouignole, boulignére* et *lukèrne.*

— Par éxtansion, petite cabane, petite hute.

— Par éxtansion encore, le foureau... de l'épée de Damoclès... des fames.

Bouis, *n. m.* (lat. *buxus*). Buis.

— Boileau a employé *bouis* pour *buis.*

— *Dimanche des bouis,* dimanche des Rameaus.

Boujer, *v. a.* Remuer. J'ai pas pu *boujer* la pière.

Boulanjer, *n. m.* Bras potelé d'enfant (Ic). Pourquoi ce terme ? Sans doute parce qu'il faut de bons bras pour faire le pain.

Boulat, *n. m.* (diminutif de l'ansien fr. *boule, béolle,* provansal *bedoul,* du lat. *betulla*). Bouleau (Ic). Des *çarqu's dé boulat.*

Dans son *Dictionnaire Etymologique,* M. Brachet indique que bouleau vient du lat. *betula,* avec l'acsant tonique sur l'*é* ; ceci me paraissant une erreur, j'ai voulu en avoir le cœur net et je me suis adressé au savant *romaniste* M. Gaston Paris, à qui j'avais l'honeur de soumètre d'autres remarques. J'extrais de sa réponse ce qui suit : « Vous avez parfaitement raison pour Châteauroux dont l'*x* est erroné. La vraie forme du type latin de *boule,* d'où *bouleau,* est non *betula,* mais *betùlla,* comme l'a reconnu la philologie latine : d'ou le provençal *bedoul* et l'ancien français *beolle,* d'où *boule* ; *bouleau, boulat* sont des diminutifs. Vos remarques sur le parler berrichon me paraissent justes... »

— Sin. *betou* ou *p'tou.*

Bouléyer, *v. a.* (provansal *bolegar, boulega* ; italien *buliçare,* bouilloner, du lat. *bullicare,* fréquantatif de *bullire,* bouillir ; même orijine pour le fr. *boujer*). Mélanger, mêler, remuer. *Boulayer d' l'achaus* anvec du *sabe.*— N'i a, dis, que se figuron que li palo de bos se fan coume lis esclope ou coume li cuiero, en fustejant un tros de bos... Mais aco 's de boufounado : li palo de bos, que servon pèr *boulega* lou blad, vènon sus d' aubre touti facho, coume eici lis amelo et li carrobi... (Mistral). Traducsion : *Il y en a, disait-il, qui se figurent que les pèles de bois se font come les sabos ou come les cuillères, en creuzant un morseau de bois... Mais ça, c'est de la blague : les pèles de bois, qui servent pour remuer le blé, viènent sur des arbres toutes faites, come ici les amandes et les caroubes.*

— Sin. *bouliyer* et *reinuda.*

Bouler, *v. n.* Prandre, en passant dans un endroit humide, en sautant un ruisseau, de l'eau dans ses chaussures (S). *Quand qu' ça fait noér,* les gas vont les *r'conduire ; i saront d'* près pour pas tomber dans *l' foussé* ; mais ça *yeus ariv' bin d' bouler* dans *l' roin.* (*Réveil de la Gaule,* mars 1889).

— Sin. *poézer.*

Boulignére, *n. f.* (de boulin). Petite lucarne dans un toit ou dans un pignon.

— Sin. *bouignole, bouinole* et *lukèrne.*

Boulon, *n. m.* Boule. Un *boulon d'* neije (S).

Bounes, *Ét'* dans ses *bounes,* être dans ses bons momans, en parlant de persones lunatiques. S'il est dans ses *boun's, i té l' prét'ra bin.*

Bouneur, *n. m.* Boneur.

— D'un *bouneur,* d'un grand *bouneur,* heureuzemant. D'un *bouneur qué* j'éy' pas été la, *pac' qué jé l'tuais !*

Bounoume, *n. m.* Reprézantacion d'une persone par le dessin, par la sculture, etc. A l'école, les gamins *faizont* des *bounoum's sus yeus* cahiers. Un *bounoum' dé* neijé.

— Sin. *prestanse.*

— Payzan, home des chams (Ch.-s-I., Bélâbre). Terme surtout employé par les gens de la vile. Les *bounoum's* sont pas contans.

Bouquet, *n. m.* Fleur. *Cueilli* des *bouqués*

— Par éxtansion, ...merde. *Ale* a *té yi poûzer* un *bouquet d'vant* sa porte.

Bouquète, *n. m.* Petit paquet de cerizes, de noizètes, etc. (S). Le mòt fr. est *trochet.*

— Sin. *paquète.*

Bouquinier, *n. m.* Marchand de chevreaus (Urciers).

Bouraillier, *n m.* (pron. bou-ra-ié ; de bourée, fagot). Ouvrier faizant des fagos dans les bois (Ic).

— Bouraillier, *n. m.* Tas de fagos a proximité d'une habitacion et auquel on va chercher le bois dont on a bezoin pour le feu (Ic). *A tait acropi' dérié l' bourailler.*

— Sin. *Boureillier.*

Bourasse, *n. f.* (de boure, lat. *burra,* étofe grossière). Lè vêtemant éxtérieur des enfans en maillot (Ic). *Ale* est en train *d' fé' un' bourass'* pour *él pétit* qu'a va *avoèr.*

— Sin. *Bourasson.*

— V. Drapiau.

Bourasson, *n. m.* Sin. et diminutif de *bourasse* (Ic).

> Dame Nature, ou bien on ne sait qui.
> Comme un enfant qu'une nourrice habille,
> D'un *bourrasson* à poils l'emmaillota.
>
> (Emmanuel Delorme).

Bourdâches, *n. f. pl.* Branchajes mêlés (Urciers). *Yavait* un *yéb'* dans les *bourdâches.*

Boureiller, *v. n.* Faire des bourées ou fagos (Ic).

Boureillier, *n. m.* Sin. de *Bouraillier.*

Bouri, *n. m.* (provansal *umbril,* italien *ombelico,* du lat. *umbiliculus,* dérivé de *umbilicus,* nombril). Nombril (Ic).

— Sin. *Lambouri.*

— Par éxtansion, le mot *bouri* dézigne encore le trou qu'on fait à la partie supérieure des pâtés, pour qu'en cuizant, une partie de la vapeur s'en aille.

Boûrier, *n. m.* (de *bôre*). Grain de poussière (Ch-s-I). *Avoér* un *boûrier* dans l'euil.

— Sin. *Bôre, crasse, éghernace.*

Bourin, *adj.* et *n.* Niais, bêta. Est-*i bourin, c'* gas là !

— Sin. *Berdat,* etc.

Bouriner, *v. n.* S'ocuper a travailler a des riens, faire un méchant travail (Ic). Tu *vos bin qu'* tu *bourin's* la ?

— Sin. *Bouziller et bouziner.*

— Bouriner, *v. n.* Mètre sans dessus dessous. Il a tout *bouriné* dans la *mainzon.*

— Sin. *Débouriner.*

Bourjoèz'rie, *n. f.* Bourjoizie.

V. Farmac'rie.

Bourole, *n. f.* Sin. de *boérole.*

— Espèce de grande corbeille. *Yâ-t-i encor'* la *bourole ou qu'* ma *nouric'* métait les *prun's* et *pis* les *poér's* sèches, tu sais *bin,* qu'*oul* en manjait en cachète ? (*Réveil de la Gaule,* février 1889).

— Sin. *Boérolon,* etc.

Bourse (de chenilles), *n. f.* Tas d'eus de chenille envelopés d'une matière transparante et blanchâtre et fixés au bout d'une branche (Ic). Tu *coup'ras tout's* les *p'tit's branch's la qu'ya* des bourses, *t'en f'ras* un tas et tu *yi foutras l'* feu.

— Les chenilles sont très rares dans le S., au voizinaje de la Marche, et l'échenillaje y est aussi inconu que la vizite des fours et cheminées.

Boursé, *adj. m.* Se dit du pain dont la croûte de dessus n'adère pas a la mie.

— Sin. *Croûte-levé.*

Boursique, *adj.* et *n.* (de bourse). Châtaigne cuite et non pelurée (S). *Un' pièn' poch'* de *boursiqu's per manja aus chams.*

Boussée, *n. f.* Petit tas d'herbes vives, d'arbustes vifs (Ic). *Un' boussé' d'harbe.* J'ai fait *parti* un *yeuv' d'un' boussé'* d'épines.

— Sin. *Taboussée, solée, tassée.*

Boustifâille, *n. f.* (s sonore ; samble dériver de boucher ou boucherie). Viande et surtout viande de médiocre qualité (Ic). J'*aim'rais* mieus un peu *pus d'* légumes et un peu moins *d' boustifâille.*

Bout, *n. m.* Morseau. Un bout *d'* pain, un bout d' fromaje.

— Au bout *l'* bout, éxpression signifiant : A la fin la culbute, arivera ce qu'il poura. *J' céd'rai* pas : Au bout *l'* bout !

— Tourner bout par bout, mètre un bout ou était l'autre (en parlant d'une pièce de vin, par éxample).

Bouter, *v. n.* (voir l'étimolojie au mot *boudifler*). Se gâter, s'échaufer.

— *V. pr.* Même sans. *L' charp'* c'est un *boès qu'i s' bout'* vite.

Bouterot, *n. m.* (pron. bou-tro ; du verbe *bouter,* pousser). Champignon comestible, ayant la forme d'une ombrèle et portant une bague a la tige ; les lamèles sont très blanches et répandent une odeur éxquise ; le dessus est gris et tacheté d'un gris brun. Pousse dans les bruyères, dans les pacajes, dans les jachères. (Urciers).

— Sin. *Marmote* ou *marmouète* et *potrèle.*

— Le mot fr. est *agaric.*

Boutife, *n. f.* Sin. de *boudife.*

Boutifler, *v. a.* Sin. de *boudifler.*

Bouton, *n. m.* Moyeu de roue. La roue *était entéyé'* jusqu'au *bouton.*

— Sin. *Boutrou.*

— Clitoris (espèce humaine ou animale).

— Bouton *d' billou,* bouton *d'* la *tir'lire,* clitoris (espèce humaine).

— Sin. *Gargaillou* et *neuillon.*

Boutouner, *v. n.* Bourjoner. Ton *poérier, Mélie, i boutoun'-t-i ?*

Boutrolé, e, *p. passé* du *v. boutroler.* Couvert de boutons. *Un' citrouill' boutrolée.*

Boutroler, *v. n.* Pousser des boutons (Ic).

Boutron, *n. m.* Petit panier de forme arondie.

Boutrou, *n. m.* (*bout.* du verbe *bouter,* fraper, pousser ; *rou,* roue). Sorte de grosse borne qu'on place a l'encognure d'une maison, a l'entrée d'un portail (Ic).

— Le comte Jaubert écrit *bouleroue,* ce qui est plus étimolojique, et fait ce mot du féminin : je l'écris tel qu'on le prononse et je lui done le genre que je lui conais.

— Sin. de *bouton* (moyeu).

Boutroune, *n. f.* (de *boutron*). Nasse (Chabris).

— Corbeille (Chabris).

— Sin. *Boérolon,* etc.

Bouyer, *n. m.* (doit être un frère de bouvier, lat. *bovarius,* qui garde les beus). Home qui conduit une voiture a beus (S).

— V. Boare.

Bouziller, sin. de *bouriner.*

Bouzin, sin. de *bourin.*

Bouzin, *n. m.* Éxcrémant d' bête... ou de crétien.

— Sorte de petit... bordel clandestin (S). *Yavait* a *c'te époqu'* la dans *l' vilaj' quate aubarj's qu'il avaint* batizées : l'Hôtel de la *puc'* qui *r'nife,* l'Hôtel des *troès cons,* l'Hôtel des *troès* torchons et l'Hôtel du *bouzin.*

— On done aussi le *n.* de *bouzin* aus maizons de toléranse des grandes viles.

Bouziner, *v. unip.* Bourdoner. Ça *m' bouzin'* dans l'oreille.

Bouziniot, *e. adj.* et *n.* Diminutif de *bouzin,* au sans de bêta.

Bouzou, *n. m.* Jeune enfant,nouveau-né (Urciers). La *grouss'* Jeanne a fait son *bouzou.*

Boxon, *n. m.* sin. de bordel (Ic). — Sin. *bazar* et *bouzin.*

Brae, *n. f.* (de *bréyer*). Broie (Ic). *Tout's* les nuis, *oul* entant *un' bra'* dans *ceus* ruines.

— Sin. *braijo.*

Brâgne, *adj.* Se dit du bois qui casse facilemant (Ic). L'alizier est *brâgne,* ma *grouss'* Louize ; *pouz' don* pas tes piés *sus ceus p'tit's* branches : tu *t' foutrais* à tère.

Braguète, *n. f.* (dérive de *braie*). Fante de devant d'une culote. Le mot fr. est *brayète.*

Braie, *n. f.* (provansal *braya,* italien *braca,* du lat. *braca,* caleçon, culote, que les écrivains lat. regardent come un mot emprunté par les Romains aus Gaulois). Sorte de petite serviète qu'on met sous la robe des bébés et qu'on aplique directemant sur leurs fesses, afin qu'ils ne se salissent pas.

— *Brai'* d' chemize, queue de chemize.

— Sin. *brajèle.*

***Bréja**, *v. a.* (forme lat. supozée, *bricare*, du gotique *brikan*, rompre). Broyer.
— *V. n.* Broyer du chanvre.
— Sin. *bréyer*.
— Bréjat, *n.* de famille (Bélâbre) ; Berjat (qu'on pron. be-rja-t'), *n.* de famille (Ch-s-I).

Braije, *n. f.* sin. de *brae* (Ch).

Braijer, *bréja* fransizé (S).

Brâillaud, *e*, *adj.* (du v. brâiller). Dézigne le chien courant. Un chien *brâillaud, un' chienn' brâillaude.*

Brâillon, *n. m.* sin. de *borjon* (raie de chârue). (Ch).

Brâillou, *adj.* des deus *g.* (du *v.* brâiller). Qui pleure, qui crie pour un rien. *Est-i braillou c't'* enfant la !

Braizer (des sabos), *v. a.* Passer des braizes dédans pour leur comuniquer de la chaleur.

Brajète, *n. f.* (le *braie*). Queue de chemize (S).

Brâler, *v. a.* et *unip.* hâler (Ch).
— Sin. *grâler*.

Brammant, *adv.* (samble venir du v. fr. *grammeni*, grandemant). Tout a fait, très bien (Ic). En *v'la un' fumèl'* qui *fait brammant l'* pain ; *ale* est pas grande, mais c'est du *foizounant.* (*Réveil de la Gaule*, mars 1889).

Brancard, *n. m.* Petite charète (Ic).

Brandeci, *n. m.* (pron. bran-dci ; *bran*, mot d'orijine celtique ; gaélique *bran*, son). Siure de bois ou bran de sie.
— Sin. *son*.

Brande mâle, *n. f.* (pron. brand' mâl'). La grande bruyère (Ecueillé).
— Sin. *brumâle*.

Brande noère, *n. f.* (pron. brand' noè-r'). La petite bruyère (Ecueillé).

Brandiau, *n. m.* Branche avec ses fruis (Ic). Un *brandiau d'* guignes.

Brandouner, *v. n.* Faire la fête des brandons, qui consiste a se placer, a la nuit tombée, sur un têrain élévé et a agiter, atachées a de longues perches, des torches de paille enflamées. Cète coutume, qui doit être une ansiène cérémonie relijieuze, produit dans la nuit un éfet très fantastique. De tous côtés, ce ne sont que brandons. Souvant on danse, en chantant, autour des restes enflamés, on boit un coup de vin et on manje un *beugnon*.

V. a. dans le couplet suivant :

> *Brandounôns* la *guièle*
> Et les *échardons* ;
> La *vieill'* dans *l'* coin du feu
> *Fait cuir'* les *beugnons* (*Couplet populaire*).

— Qui voit beaucoup de brandons doit trouver beaucoup de nis dans l'anée.
— On ne *brandoune* pas partout dans le dép. de l'Indre : dans le S. cète coutume est inconnue ; mais on y fait des feus de St-Jean qu'on ne fait pas dans les campagnes issoldunoizes.

Brandouneus, ze, *n. m.* et *f.* Celui, cèle qui *brandoune* (Ic).

Brandounier, *dimanch' brandounier*, dimanche des brandons. « Payé du *dimanche brandounier*, qninziesme jour de febvryer, pour les febvres, eschaudez et vin blanc ascoutumez estre donnez aux prestres et officiers, v solz... » (Citation de la *Revue du Centre*, mars 1889).

Bransiller, *v. a.* et *n.* (pron. bran-si-ié ; dans l'Aube, on dit *brandiller*). Balanser (Ic).
— Sin. *branstiller* et *chamberliner*.
— Se branstiller, *v. pr.* se balanser.

Bransilloére, *n. f.* (pron. bran-si-lloé-r', *ll* mouillées). Balansoire (Ic).
— Sin. *bransilloére, chamberline* et *chamberlinoère.*

Branstiller, *v. a.* et *n.* (pron. bran-sti-ié). Sin. de *bransiller* (Ic).
— Se branstiller, *v. pr.* Se balanser.

Branstilloére, *n. f.* (pron. bran-sti-lloé-r', *ll* mouillées). Sin. de *bransilloére* (Ic).

Bras. *Gangner d'* l'arjant *grous coume él* bras, en quantité (Ic).

Brasse-côrs (*à*), *loc. adv.* (pron. a brass' côr). A bras-le-cors.

Brassée. Porter a sa brassée, dans ses bras.

Brassière, *n. f.* Petite camizole d'enfant. En fr. ce mot est du *pl.*

Brave, *adj.* des deus *g.* (de l'italien *bravo*, courajeus). Beau fiziquemant ou moralemant (S).

Braverie, *n. f.* (pron. brav ri'). Bèle choze (S). *Qui qu' t'as vu a la foère?* — J'ai vu un tas *d' brav'ries.* (*Tas*, quantité).

Braziner, *v. unip.* Tomber une pluie fine (Urciers).
— Sin. *bérouâiller*, etc.

Brêche, *n. f.* (moyen aje, *bresche* ; provansal *bresco*). Gâteau de miel. Et si ne di je pas que cist livres soit estrais de mon povre sens, ne de ma nue science; mais il est autressi comme une *bresche* de miel cueillie de diverses flors. (Brunetto Latino). Traducsion. *Et je ne dis pas que ce livre soit sorti de ma pauvre raizon ni de ma faible sianse ; mais il est pour ainsi dire come un gâteau de miel, cueilli de diverses fleurs.*

> Ounte vas? disié l' auro fresco,
> Escarrabihant sus son còu
> Si péu bloundin, si long péu fòu,
> Si frisoun rous comme une bresco,
> (Paul Arène).

Ou vas-tu? dizait la brize fraiche, en éparpillant sur son cou ses cheveus blondins, ses lons cheveus fous, ses boucles rousses come un gâteau de miel.
— Cloizon intérieure dans les châtaignes.

Brèche, *adj.* et *n.* des deus *g.* (de l'ansien haut alemand *brecha*, rupture). Qui a une ou pluzieur dans de moins. Ale est déjà *brèche*.
— Sin. *bréchedantou* et *bréchous*.

Brèchedantou, *adj.* et *n.* des deus *g.* (pron. brèch'-dan-tou). Sin. de *brèche* (Ic).

Bréchous, ze, *adj.* et *n.* des deus *g.* Sin. de brèche. *Un' p'tit joli bréchouz'* de huit ans.

Brégaud, *n. m.* Sorte de grosse guêpe méchante come le diable (Ch).
— Le mot fr. est frelon.
— Sin. *brigaud* et *grolon*.

Brémmant, *adv.* Sin. de *brammant.*

Brète, *adj.* et *n.* Vache bretone (S). Le lait *d'* ma *brète* est *bin* meilleur que celui *d'* mes *aut's* vaches.

Brêter, *v. a.* et *n.* Quémander (Ic). C'est embêtant d'aler *bréter* du pain *cheus* ses *voézins.* C'est *pas un' vi'* quand *oul* est *tout l'* tans oblijé d'aler *bréter d'* l'arjant *cheus* l'un *cheus* l'aute !

Mais, au fort, ay je tant *bresté*
Et parlé, qu'il m'en a presté
Six aulnes.
— Voire a jamais rendre ?
— Ainsi le devez vous entendre.
Rendre ? On luy rendra le dyable !
(*Maître Pathelin*).

— Sin. *Chiner.*

Brêteus, ze, *adj.* et *n.* Qui aime *bréter.* (Ic).

— Sin. *Brêtiot.*

Brêtiot, *adj.* et *n.* des deus *g.* Qui aime *brêter,* qui se plaît à brêter, qui demande souvant (Ic). *Grand' brêtiot.*

— Sin. *Bréteus.*

Breûillemant, *n. m.* (de *breûiller*). Beuglemant (Ic).

Breûiller, *v. n.* (lat. *buculare,* de *buculus,* taureau). Beugler (Ic).

Pendant qu'avec amour il fagote ses herbes
Lentement,
Des taures en chaleur les grands taurains superbes
S'approchent en *breûillant.*
(Laurian Touraine).

— *V. a.* Même sans. La *vach' breûill'* son *viau.*

— Sin. *Beurmer,* etc.

— Par éxtansion, le *v. n. breûiller* signifie encore, en parlant des enfans, crier très fort. *I breûill' coume* un grand *viau.*

Breumer, sin. de *beurmer* (S).

Breuvacher, *v. n.* Boire souvant (Ic). J'ai fait *qué d' breuvacher tout'* la *jornée* et *j' mé* sans *emmalaize.*

Breuvachon, *adj.* et *n.* des deus *g.* Qui boit souvant (Ic). *Grand' breuvachon.*

Bréyer, *v. a.* (pour l'étimolojie, v. *bréja*). Broyer (Ic).

Jeannett', ma *fill, qué qu'* ça veut dire ?
Toué, Claud' me *diras-tu pourquoé*
J' vous prends à vous *bijer,* à rire ?
Tous les deus, vous vous *fichez d' moué !*
Y'a d'honnêt's gens dans la famille
Et *j' sons* bon gardien *d' noute* honneur !
D' mes mains *j' tûrais putôt* ma fille
Et *j' brey'rais soun* enjôleur ! (Albert Liger).

Sin. *Braijer.*

Bricole, *n. f.* Choze de peu de valeur (Ic).

Bricole, *n. f.* Corde au bout de laquèle est un hameçon double et qui sert a la pêche au brochet (Ic). Il a tandu troès *bricoles.*

Bricole. *Sabot à la bricole,* sabot ne couvrant que le bout du pied avec une bande de cuir à l'entrée (Ic).

— Cète chaussure paysane et coquète est peu portée, èle l'est peut être même plus du tout. C'est domaje !

Bricoler, *v. n.* Faire tantôt une choze, tantôt une autre, surtout dans les fermes (Ic).

Bricolin, e, *n. m.* et *f.* Domestique de ferme a qui on fait faire pluzieur sortes d'ouvrajes (Ic). Mounonque avait acueilli un' *bricolin'* pour les quat' moès.

Brider, *v. a.* Cingler (Ic). En passant dans l' boès, les branch's mé *bridaint* la figure.

— *Fé' atansion qu'un' parsoune êy' pas l' nez bridé d'une afér',* faire son possible pour qu'èle n'en ait pas conaissanse (Ic).

Brigailla, de, *adj.* et *n.* (Samble être parant du fr. voir, lat. *varius,* bigaré, tacheté ; du bèrichon *gâriau, bigâriau* et du bèrichon-marchois *gaillà, n.* que l'on done aux beus couleur froment). Bête a laine a toizon noire et blanche (S).

— Se dit aussi de toute choze bigarée.

Brin, *n. m.* Le chanvre le plus fin (Ch). A fil' du *brin.*

— En fr. on apèle *prime* la laine la plus fine.

— Sin. *Plin.*

Bringue, *n.* des deus *g.* Grand et déhanché (Ic). Mme Boche va leur donner congé, à elle et à sa grande *bringue* de sœur, parce qu'il y a toujours une queue d'hommes dans l'escalier. (Emile Zola, l'*Assommoir*). Prière au tipografe de ne pas mètre *hommes* au *s.*

* **Brinza,** *v. a.* (de l'ansien haut alemand *bristan,* brizer). Brizer.

— Sin. *Briza.*

Brissaude, *n. f.* Tranche de porc frais arangé en sauce rousse avec de l'ognon en abondanse (Ic). J'avons manjé des *brissaudes.*

— Ce més est écsélant.

— Brissaud, *n.* de famille a St-Benoit, a Diou.

* **Briza,** sin. de *brinza.*

Brizac, que, *adj.* et *n.* (du v. brizer ; v. l'étimolojie au mot *brinza*). Qui manque de précaucion et brize souvant quelque chose (Ic). En faurait des sabos envec un *brizac* pareil ! C'est bin un' boun' sarvante, mais c'est trop *brizac.*

Broche, *n. f.* (du lat. *brocca,* aiguillon, dérivé de *broccus,* qui est dans Plaute au sans de pointe, de dant aigüe). Aiguille a tricoter. *Orsé do sér, i pèrdis un' de mas *broches.* (Hier du soir, je perdis une de mes aiguilles a tricoter).

Brochée, *n. f.* (de *broche*). Le nombre de mailles que porte une broche a tricoter. Laissez-moé féni ma *brochée* au moins.

Harbe à la brochée, élébore fétide (Ic).

Brôiller, (pron. brô-ié), sin. de *beurmer* (S).

Brouser (se), *v. pr.* se gourmer (S).

Sin. *Se gormer.*

Brouillasser, *v. unip.* Sin. de *bérouâiller.*

Broustaille, *n. f.* (s sonore, a ouvert ; même orijine que *brossaille*). Broussaille (Entandu de la bouche d'une fille de la com. de Parnac).

Brossâille, *n. f.* (de *brosse,* en v. fr. bruyère, buisson, bas lat. *brustia,* de l'ansien haut alemand *brustia*). Broussaille.

Brosse où **brousse,** au s. ou au *pl.,* n. de vint-set lieus habités dans toutes les parties du dép.

Brotille, *n. f.* (du v. fr. *brost,* aujourd'hui brout, mot d'orijine germanique, anglo-saxon *brûstian,* bourjoner). Menue branche (Ic).

— En fr., *broutille* ne s'emploie qu'au *pl.*

Sin. *Brochille* et *brochillon.*

— Brotille, surnom à Ste-Lizaigne.

Brotiller, *v. n.* et *a.* Ramasser de menues branches (Ic). La ménajère économe ne dédaigne pas de *brotiller.*

Brou, *n. m.* Gui (Urciers, Ch).

— Sin. *Gi.*

Brout, *n. m.* Chèvrefeuille (Ch).

— Sin. *Pât-d'-chébe.*

Bru, *Aler bru,* aler habiter, en parlant d'une jeune fame, avec les parans de son mari.

— On dit de même *aler gende.*

— V. Nore.

Brûlée, *n. f.* Volée de cous. I ya foutu un' *brûlée !...*

Brûle-gueule, *n. m.* (pron. brûl'-gueu-l'). Pipe à tuyau très court.

Brumâle, *n. m.* (*bru* du breton *brug,* bruyère ; *mâle,* ansiènement *masle,* au douzième siècle *mascle,* du lat. *masclus* pour *masculus,* mâle). Grande bruyère (Ch).

— Aus environs de St-Benoit, ce mot est fait du *f.*

— Sin. *Brande mâle.*

— V. Brande noère.

Brut, *n. m.* Bruit.

Amo jouiouso e fièro e vivo,
Qu'endilhes dins lou *brut* dou Rose et dou Rousau !
(Mistral).

Ame joyeuse et fière et vive, qui hennis dans le bruit du Rhône et de son vant !

— *Ét' pas d' brut,* être calme, tranquille. C'est un gas qu'est pas d' *brut.*

Bucheron, *n. m.* (*u* bref : du lat. *bucca,* bouche). Sorte de petite tetine située a côté de la gueule d'une cruche, du çou d'une grosse bouteille de têre, et qu'on prant dans sa bouche pour boire. (Environs de la Châtre).

— Sin. *Tutron* et *potignon.*

Bue, *n. f.* Cruche (Ic).

— Sin. *Buie.*

Buet, *n. m.* (diminutif de *bue*). Sorte de petit vaze en bois et cilindrique que les faucheurs ramplissent d'eau et où ils mètent leur pière a aiguizer ; s'acroche a la ceinture (Ic).

— Sin. *Coudére, rabavi* et *couet.*

Buie, *n. f.* Sin. de *bue* (Ic).

Buie, *n. f.* Lessive (Ic).

Ma *coumére,* c'est le *drapiau*
De *moun Igniau.*
Dans *moun Etâbe malplaisante,*
La *buie j'* peux pas abreuver,
M'y faut laver
Dans la fontaine coulante.
(Ch. de Laugardière, *Noëls nouviaux,* 1857).

— Sin. *Bujée* et *bujade.*

***Bujade,** sin. de *buie.*

Bujader, *n. m.* (de *bujade*). Cuvier pour la lessive (S).

— Sin. *Bujoer, lénou, t'nou* ou *touneil.*

Bûjat, *n. m.* (de *bûje*). Buze ou petit de la buze (S).

— Sin. *Bûje, buzarde, bure.*

Bûje, *n. f.* (lat. *buteo,* épervier dans Pline). Buze. (Entandu de la bouche d'une persone habitant la com. d'Eguzon).

— Sin. *Bûjât,* etc.

Bujée, *Bujade* fransizé (Ch).

Bujoer, *n. m.* (pron. bu-joé). Sin. de *bujader.*

Bume ou **bumer,** *v. a.* Boire en langaje de bébé. A *bume !*

Bune, *n. m.* (A raprocher de *bone*). A certains jeus come le jeu de bouchon par éxample, l'endroit où il faut se placer pour lanser son palet (Ic).

Buner, *v. n.* Lanser son palet ver le *bune* pour conaître son numéro d'ordre de joueur (Ic).

Bure, *n. f.* Sin. de bûje (Ic).

Bure, *adj. m.* et *f.* Gris, grize (Ch). *Eun' saut'rel' bure, eun' chéb' bure.*

— Sin. *Bûret* et *buron.*

— N. de chiène.

Bûret, *adj. m.* Gris (Ch). Un *chébrit buret.*

— Sin. *Bûron.*

— N. de famille à Ste-Lizaigne de persones qu'on surnome *Bûrons.*

Burète, *n. f.* Petit pain fait des restes de pâte (Ic).

— Sin. *Râdure.*

Buriche, *n. f.* La fauvète d'hiver (Environs du Blanc).

Bûron, sin. de *buret.*

Busse, *n. m.* Busc (Ic).

Butet, *n. m.* (diminutif du lat. *busta,* propremant boite à mezurer les grains). Hote (Chabris).

— Sin. *Benâte* et *benote.*

Buzarde, *n. f.* Sin. de *bûje* (Environs du Blanc).

Bzigand, *n. m.* Sorte de jouet composé d'une roulète persée de deus trous dans lesquels on passe les bous d'une ficèle pliée en deus, bous que l'on noue ensuite ensamble (Ch). Si alor on entortille la corde vivemant et qu'on en tire les deus extrémités, èle se dézantortille pour se rantortiller.

Bzije, *n. f.* Petite poire sauvaje (Ch).

— V. Mouillète.

Bzijer, *n. m.* Poirier sauvaje (Ch).

C

REMARQUES

Suprécion de la lètre C

FRANSAIS	BÉRICHON.	BÉRICHON-MARCHOIS
Bec.	Bé.	Bé.
Bissac.	Bissa.	»
Chaillac (n. de lieu).	»	Chailla.
Lignac (n. de lieu).	»	Ligna.
Sac.	Sa.	Sac.
Sec.	Sec (ou sèche).	Sé.
Succession.	Sucéssion.	Sucéssion.

Equivalanses de la lètre C (C dur ou Q)

FRANSAIS	BÉRICHON.	BÉRICHON-MARCHOIS
Canif.	Ganif.	Canif.
Claude.	Glaude.	J'aude.
Crapaud.	Grapaud.	Grapaud.

*C*roupe.	»	*G*roupe.
*C*roupir.	*G*roumi.	»
A*c*acia.	A*g*acia.	A*g*acia.
Bé*c*asse.	Bé*g*asse.	Bé*g*asse.
Bé*c*assine.	Bé*g*assine.	»
Se*c*ond.	Se*g*ond.	Se*g*ond.
E*c*osser.	É*g*eusser.	(Échala).
Se*c*ouer.	Sé*c*ouer.	Se*g*outa.
Secret.	Se*g*ret	Secret.
Secrétaire.	Se*g*rétére.	Se*g*rétére.
É*c*revisse.	É*cré*visse.	É*g*hervisse.
Difi*c*ulté.	Difi*g*ulté.	Difi*g*ulta.
(Dêrière du cou).	*C*a*c*ouet.	*G*a*g*ouet.
So*c*.	Soè*e*.	Soè*e*.
Co*q*ue.	Coin*ch*e.	Con*ch*e.
Rau*q*ue.	»	Rau*ch*e.

Equivalanses de la lètre C (C dous ou S)

*C*e.	*C*e.	*K*é.
*C*enèle.	*C*'nèle (ou *c*anèle).	*C*'nèle.
*C*erfeuil.	*Ch*arfeuil.	*Ch*èrfeuil.
*C*èle.	*C*èle.	*Qu*ièle.
*C*ète.	C'te.	*Qu*iète.
*C*igùe.	*C*ocu.	*C*igùe.
Ronse.	Aron*s*e (ou éronse).	Éron*d*e.
Chassieus.	Cha*ch*ieus.	»

Equivalanses de Ch

A*ch*eter.	A*j*'ter.	A*j*ita.
É*ch*asse.	É*gh*iace.	(Poulain).
Chi*ch*e (rond).	Chi*ç*he (d'eu).	Chiche (d'eu).
(Orge a deus rans).	Mar*ch*èche.	Mar*s*èche.
(Grimper).	Gravi*ch*er.	Gravi*j*a.

C', abréviacion de *est-ce*. L' diab' me romp', c' qu'il est mort celui-là ? (Albert LIGER, *Contes, Histoires et Monologues*).

Ça, *espèce d'adj. dém. s. des deus g.* C'est-ti dur, ça voleur ! Ça dur'ra pas, ça diâbe !

Ça. *Ça vaut pas ça*, expression de dédain qu'on fait suivre d'un petit crachat a tère, ou du bruit de l'ongle d'un pouce sur les dans supérieures, en lansant le pouce en avant come si l'on voulait se faire sauter une dant. Parlez-moé pas d'ceus gens là, *ça vaut pas ça*. . J'en ons pas récolté *ça*...

Cabernot, *n. m.* (pron. ca-be-rno; du lat. *camera*, chambre, ou du fr. *cabinet*). Chambrète (Ic). Sous l'escalier ya un p'tit *cabérnot* : c'est là qu' la cuzignére et la bricoline a *couchont*.

— Sin. *Chambrat*.

Cabiole, *n. f.* (samble venir du lat. *caput*, tête). Petite hute où les vignerons se mètent à l'abri ou se réunissent pour *goûter* (environs de La Châtre). Quand midi sone à l'horloge de Briantes ou de Chassignolles, il se rend sans hâte dans la *cabiole* de forme gauloise et couverte en chaume qui sert de refuge aux vignerons du vignoble. (*Réveil de la Gaule*, juillet 1893.)

— Sin. *Loge* et *cazule*.

***Cablle,** *n. m.* (*ll* mouillées, *a* ouvert et bref; du lat. *caplum*, qui se trouve au sans de corde dans Isidore de Séville, à côté de la forme *capulum*). Câble.

— Sin. *Yûre*.

Caboche, *n. f.* (diminutif du lat. *caput*, tête, par le surfixe *oche*, qui se retrouve dans pioche, épinoche, etc.). Espèce de longue pointe à grosse tête.

— Clou de sabot (S).

Caboche, *n. f.* (ce mot est à raprocher de *chavoche*, dont il doit avoir la même orijine). Espèce de chaùant (Cuzion).

— Sin. *Chavoche, chevèche* et *chaouin*.

Cache, *n. f.* Couverture suplémantaire qu'on met sur son lit pour se garantir du froid (Ic). La pou p'tit' fill' m'a fait des *cach's* dé ses cotillons.

Cache-Oreilles, *n. m.* Sorte de coifure d'étofe destinée aus chevaus et munie de deus foureaus pour les oreilles. Se porte dans la chaude saizon, quand la mouche est mauvaize. N'en ai point encore vu aus ânes.

Cachepot, *n. m.* (L'*e* ne se pron. jamais). Petite auberje clandestine (Ic). J'ons manjé dans nun *cachepot*.

— Dans le Blaizois, ce mot dézigne l'endroit où un débitant cache le vin pour lequel il ne veut pas payer de drois.

Cachepoter, (l'*e* ne se pron. jamais). *Cach'poter* du vin, cacher du vin pour éviter les drois. Si c'te aubargisse a *cach'potait* pas de vin, ale ariv'rait jamais a fé' ses frais.

Cacher, *v. a.* (italien *quattare* du lat. *coactare*, être pressé, foulé, comprimé). Couvrir. J'eum' pas êt' trop *caché* au lit. Faura *cacher* les artichaus, a cauz' dé la g'lée.

— SE CACHER, *v. pr.* Se couvrir.

— Les deus *v.* ci-dessus s'emploient aussi dans le Blaizois.

Çachète, *n. f.* Jeu d'enfans ou l'un doit retrouver les autres après qu'ils se sont cachés. Tu t'en rapèl'ti, Méli', dans l' tans qué j' jouais a la *çachète* anvec toé ?

Cachon, *n. m.* Tas de foin qui vient d'être fané (Ic).

> Deux jeunes campagnards se croyant sans témoins,
> Prenaient à ce moment leurs ébats dans les foins,
> Derrière un grand *cachon* comme ici l'on appelle ;
> Dans la discussion, le gaillard et la belle
> Dépassaient le foin de deux pieds. (Albert LIGER).

— Sin. *Barje*, etc.

Caclote, *n. f.* Coquille de nois (S).

— Sin. *Creuze* et *creuzille*.

Caco, *n. m.* (patois lionais *cacou*). Euf (Ic).

— Sin. *Caqui*.

Caco, *n. m.* Nois (S).

— Sin. *No, noés, k'ca, rabâlet* et *rabâtil*.

Cacouet, *n. m.* Le dérière du cou (Ic).

> *A m'* dit : J'ai sientu qu' ça m' bouge
> Et qu' ça m' gravoill' sus l' *cacouet*. (Théophile DUCHAPT).

— Sin. *Gagouet* et *carcouet*.

Cadâbe, *n. m.* (du lat. *cadaver*, même sans). Cadavre. Par moumant quand j' dormais pas, ça m' raidissait si bin... l' côrs, que falait que j' me lève pour aler a la bassie, boére a minme él cofiniau ; c'est coume si j'avais avu in' charbougnére dans mon *cadâbe*. (*Réveil de la Gaule*, juillet 1892). — E sant Vitou vergougnous esclapo sa jinjarro, n'en trais li tros sus li *cadabre*, e s'esvalis pèr jamais plus tourna sur terro. (Félix Gras). Traducsion : *Et saint Victor confus brize son long sabre, en jète les tronsons sur les cadavres, et disparait pour jamais plus retourner sur tère.*

Cadenète, *n. f.* (pron. cad'nèt'). Le gland d'une calote (Ic).

Cadet, Cadiche, Cadichon, Cadoche, *n. m.* Sobriquet assez comun.

Coli prend son chapiau,
Cadoche sa vâlette,
Pierri son flûtériau,
Lamon sa cormusette. (Ch. de Laugardière).

Cadet, *n. m.* Ce nom se done aus béliers (environs de La Châtre). Tru, tru, *Cadet*, tru, *Cadet*, vins don, vins don. (*Réveil de la Gaule*, février 1892).

Cadit, *n. m.* Vêrat (Urciers).

— Sin. *Malichau*, *vrat* et *vrou*.

Cagnard, *n. m.* Ustansile de ménaje ordinairemant en fonte et dans lequel on met du charbon pour faire cuire ou réchaufer les alimans (Ch-s-I).

— Sin. *Chauferète.*

Câgnaud, e, *adj.* Confus, confuze (Ic). Dis don toé, Buraudon, t'as l'air moins *câgnaud* qué d'vant l'juj' dé pais (*Réveil de la Gaule*, avril 1892).

Cahu, onomatopée. Cri du chien que l'on bat (Ic). Il en a poussé des *cahus* !

Cahûler, *v. n.* Crier, en parlant du chien (Ic). I' s'plaît qu'à fér' *cahûler* les chiens.

— Ne pas confondre *cahûler* et *ûler*. Le chien *cahûle* quand on vient de le fraper et il *ûle* quand il a du chagrin.

Caillade, *n. f.* (pron. ca-ia-d'). Lait caillé avec du pain égrené dedans ou des pomes de tère écrazées (Ch).

— Sin. *Caillebite.*

Caillat, *n. m.* (pron. ca-ia). Cailleteau (Ic).

— *Chaud coume un caillat*, animé d'une chaleur compa able a cèle d'une jeune caille. Se dit surtout des piés des jeunes enfans.

Caillat, *n. m.* (pron. ca-ia). Terme familier ou caressant pour dézigner le vantre (Ic).

— Sin. *Caille, bazane* et *bredouille.*

Caillat, *n. m.* (pron. ca-ia). Reste de pain qu'une persone laisse a table (Ic). I fait toujou des *caillas*, c't'enfant la.

Caille, *n. f.* (a ouvert et bref come dans caillou). Vantre. Terme familier (Ic). A c'mans' déja al avoèr un' bèl' *caille* et des tèt's pas mal.

...A Robin *Troussecaille*,
Je... donne, dè mon buffet,
Une jatte qu'emprunter n'ose. (Villon).

— *Avoèr qué la caille*, en parlant d'un oizeau, n'avoir encore que le duvet, n'être encore qu'en vantre.

Caille, *n. f.* (a ouvert et bref comme dans caillou). Petite tape donée du bout des dois (S). I s'amuzaient a s' doner des *cailles*

Caillebite, *n. f.* (pron. cail-bit'; du v. cailler et du mot *bite*). Sin. de *caillade* (Ch).

Caillebote, *n. f.* (pron. cail-bot'). Grumeau. Ta bouillie est tout à *caillebotes.*

Cailloте, *n. f.* (pron. ca-iot'; diminutif de *câille*, caillou rond dans le Blaizois; du lat. *calculus*, caillou). Toute petite pière (Ic). Ceus deus gamin's s'amuzaint, tout en gardant yeux oâs, a jouer anc des *caillot's* au bord du ch'min, yeus joli's jamb's plus ou moins a l'air, yeus ch'veus évantés par la briz' de septambe.

Caillu, e, *adj.* et *n.* Qui a une bone caille, qui possède un bon gros vantre (Ic).

— *La Caillue*, surnom, voila quelques anées, d'une maîtresse de domaine en la commune de Migny.

Caïmant, *adv.* Cazimant (Ic).

— Sin. *Camant.*

Çal, *pr. démonstratif.* (l'*l* final est mis par eufonie ou provient de l'*l* de *cela*). Il, ce, cela (Ic). Qué *çal* arcoumans' pas, fazeus d' m'niganses! (*Réveil de la Gaule*, juillet 1892).

Ça l'est pus pour de rire :
J'avons vu ceux troués Rouès ;
L'encens, l'or et la myrrhe,
L'ont baillé-z-à leux troués. (Ch. de Laugardière).

— V. *az.*

Calambrète, *n. f.* Jeune fille qui se plaît à folâtrer come une gamine (Ic). Grand' *calambrète.*

Cale, *n. f.* (Mot d'origine germanique : gothique *scalja*, allemand *schale*; frère de écale, v. fr. *escale*). Gosse de haricos, de petis pois (S).

Caler, *v. n.* (lat. *chalare*, abaisser ; figuré, abaisser son couraje). Cesser, lâcher, céder (Ic). I m' *calait* pas : Ya bin falu qu'é j' mé laiss' fére. La fieuv' l'a pas *calé*. *Cal'* pas, nom de Dieu ! *cal'* pas !

A moun ajide, Borguignon !
Pernons Bacchus par el châgnon.
N'y *calons* point, néyons-lu dans ce verre
El bon Jésus l'a racheté la terre. (Ch. de Laugardière).

Philopœmen ne *chala* point pour cela, ny ne laissa point de faire ce que portait son devoir. (Amyot).

— Conu aussi dans le Blaizois.

Calibier, *n. m.* Gros morseau de pain. (Ic). T'en as iun, un *calibier* d' pain !

— Sin. *Talibier.*

Calin, *adj. m.* et *n.* (Même orijine que *caler*). Se dit d'un gamin qui vient de céder, qui vient de se retirer d'une lute. *Calin* ! *calin* !

— Sin. *Calou.*

Calipète. *Fér' la calipète*, tomber de dessus un cheval ou d'ailleur, les jambes en l'air (S). Hein ! a t'a fait *fér' la calipète*, ta j'mant !

Caloret, *n. m.* Sorte de calote d'enfant que les mères font èles-mêmes, avec deus galons pandant par dérière et deus p'tis cache-oreilles (S).

— Sin. *Calorit.*

Calorit, *n. m.* Sin. de *calòret* (Ic).

Calot, *n. m.* (de *cale*, encore employé dans l'Aube et qui dézigne une coifure de fame). Coifure de petite fille que les mères font èles-mêmes (Ic). Cète coifure qui est en étofe, et ordinairemant noire, est assez chaude et tant à disparaître. Èle n'est pas à regréter.

Calou, sin. de *calin.*

Calvine, *n. f.* (altéracion du fr. calvile). Espèce de pome rouje (S). On dit des *pomes calvines* ou des *calvines.*

— Conu aussi dans le Blaizois.

Calougnére, *n. f.* Sin. de *boulignére* (S).

Camant, *adv.* Sin. de *caïmant* (Ic).

Câmant, e, *adj.* Sin. de *câmaud* (S).

Câmaud, e, *adj.* Confus, confuze (Ic). La pauvre bête avait les oreilles si basses, et l'air si *camaud* au milieu des deux jeunes gens, que tout lui fut pardonné. (Albert LIGER).

Camboués, *n. m.* (v. fr. *cambois*, du provansal *camois*, boue, dont l'orijine est inconue). Cambouis (Ic).

Cambuze, *n. f.* (patois lionais *cànbusa*, mazure; anglais *caboose*, cuizine de navire). Méchante et vieille maizon (Ic.)

Camp. *Foute él camp*, se sauver, s'esquiver.

Campagne. *Êtes en campagne*, en route, à la promenade, dans les chans.

Madam', si j'onzais,
Le genou je vous maignerais,
— Hé! maignez don, pézant,
Voleur de pézant.
Mon mari est *en campagne*;
Hé! maignez don, pézant,
Voleur de pézant,
Mon mari n'est point pézant.
(*Couplet populaire*, environs d'Issoudun).

L'air de ce couplet est bien campagnard et *bin mâlin*.

Campe, *n. f.* (du v. camper). Attitude, tenue. Voyez don, c'té joli' *campe*!

— Conu aussi dans le Blaizois.

— Sin. *Dècampe.*

Campinne, pron. cam-pin-n'; *n. f.* (italien *campana*, cloche). Sonète qu'on met au cou des vaches (Ic).

— Sin. *Clairin.*

Campire, *n. f.* (alemand *grund birne*, poire de têre). Pomme de têre (Ic).

— Sin. *Truche.*

Canal. Ce mot fait au pl. *canals*. Le coulement et laps de fontaine était par trois tubes et *canals* faits de marguerites fines. (RABELAIS).

Canaran, *n. m.* Surnom d'un comte autantique, le comte de C..., écorcheur de chevaus et marchand de charbon (Bélâbre).

Canâye, *adj. des deus g.* (probablemant du lat. *canis*, chien). Jeune de caractère (Ic). C'est bin un' boun' fill', mais c'est trop *canâye*.

— Sin. *Caniot.*

Canâyer, *v. n.* (de canâye). S'amuzer come un enfant. Çal cum' trop *canâyer*.

Cancan, *n. m.* Oizeau imaginaire (Ic).

J' sais bin in nid d' cancan,
Si ya d' la mard' manj' nan,
Si yen a pas més yen.

Ces paroles rimées servent souvant de réponse aux persones a qui l'on demande si èles savent des nids (Ic).

Cancanage, *n. m.* Bavardaje, médizanse (Ic).

. . . . Du *cancanage!*
J' té dis, moné, qu' c'est pas vrai, qu'on tromp' ta m'man.
(Louis MIRAULT, *la Loue*).

Caneçon, *n. m.* (de l'italien *calzone*, même sans). Caleçon (Ic).

— Conu aussi dans le Blaizois.

Canèle, *n. f.* (probablemant un dérivé du lat. *canis*, chien). Cenèle (environs de La Châtre).

Caner, *v. a.* (probablemant du lat. *canis*, chien). Terme de jeu d'enfans. Joindre une bille avec une autre (S). *I t'ai *cana* (Je t'ai cané).

— Laisser l'empreinte de ses dans en embrassant, ou mordre léjèremant (S). *O l'a *canade* (Il l'a canée).

— Caresser (sans libre) (Ambrault).

— Sin. *Chenâiller*, etc.

— *Caner*, au premier sans est aussi employé dans le Blaizois et signifie lanser sa *canèle* avec le pouce replié dans l'intérieur de la main fermée et se détandant come un ressort.

Canet, *n. c.* (probablemant du lat. *canis*, chien). Parties séxuèles de la fame (S). L'auteur de ces lignes a souvant entandu des payzanes dire a des gamines assizes ou acroupies sans précaucion : *Vos-tu cacha ton *canet*, p'tit' garse! (*Vos*, veus; *cacha*, cacher).

— Sin. *Con, conet, counit, counichon, cu, quiou, courte, courtoche, courtaud, mouniche, mounichon, vigne, jardin, pacaje de la goute, goutaille, pisserote, bassie, rae, rouae, réje, rouin, charet, chás, boutougnére, tirelire, vire, bouinote, fenête, pote, potignon, chapéle, nacèle, fande, entérdeus, devant, coézin du trou qui pète, chat, mimi, lapin, oëziau, cuzeu, jozé, vandérdi, invansion, dévartissoer, chouze, chemin du monde qui va et qui vient.*

Canète, *n. f.* (de caner, premier example). Petite bille pour jeu d'enfans (Ch-s-I).

— Sin. *Chique.*

Caneter, *v. n.* (de cane; en patois lionais on dit *càncanò*). Marcher come une cane, en tortillant du... cu (Ch-s-I). A s'en va tojou *can'tant*.

Canit, *n. c.* (de cane). Petit de la cane (Ic).

— Sin. *Canon.*

Caniot, e, *adj.* et *n. m.* et *f.* (probablemant de *canis*, chien). Qui est jeune de caractère, qui aime a s'amuzer come un enfant (Ic). Il est tojou aussi *caniot* qu'a sét ans.

— Sin. *Canâye.*

— Enfant (Ch-s-I). I ya fait deus *canios* et il l'a laissée en plant. I sont bin jolis ses deus p'tits.

Canon, *n. m.* Sin. de *canit.*

Capet, *n. m.* (du lat. *caput*, tête). Chapeau (Ic). S'emploie peu.

— Sin. *Capilus, chapiau, chapé* et *chapeù.*

Câpi (s') *v. pr.* (probablemant du lat. *caput*, tête). Se baisser, s'acroupir, se blotir en se métant tout d'un tas (Ic).

Câpi, e, *p. passé* du v. s' *câpi*. Baissé, acroupi, bloti (Ic). *Câpi* dans un coin du jardin, je l'atandais, la p'tite joli' maraudeuz', pour l'étriller. Èle vint. J' n'ozai boujer.

Capiche, *n. f.* (du lat. *caput*, tête). Capote de fame (Ic). Alons, alons, les enfans, la j'mant est garnie, faut-i at'ler? Lavou don qu'ya ma limozine?... Ça bérouass'..., faura prand' vos *capiches*. (Edmond AUGRAS, *Une noce au Béri*).

La grousse Maritaine
Y a baillé poor de biau
Sa capiche de laine
Et son calibandiau. (Ch. de LAUGARDIÈRE).

— Sin. *Capot.*

Capilus, *n. m.* (de *caput*, tête; samble un mot de création fantaiziste). Chapeau. Terme familier (Ic). T'en as iun, un drôle de *capilus* !

Capot, *n. m.* (de *caput*, tête). Capote d'un tissu grossier, de fil et de laine bleue ou mâron, que les berjères portent aus chans (S). *Ale èye assite, la p'tit' berjére au *capot* bleuâte, a la pil' d'in chatignier, l' daré sus in p'tit tas d'branches, et al' brochile son bas d'vant in p'tit feu que fumile. (*Èye*, était; *brochile*, tricotait; *fumile*, fumait).

Capucine, *n. f.* Appellacion de la danse des gens qui n'ont pas de pain.

Dansons la capucine,
Ya point de pain cheus nous;
Y-n a cheus la voézine,
Mais ce n'est pas pour nous.

— Sin. *Cascarinète.*

— Dans le Blaizois, on dit *caribotine.*

Caqui, *n. m.* Euf en langage enfantin (S).

— Sin. *Caco.*

Câr, *n. m.* *Câre* (Ic).

Au *câr* du boès à m'atandait,
La fill' dé ma nourice;
Au *câr* du boès a m'atendait,
Ma rustiq' seur de lait.

— *Et' volé coume au câr d'un boès*, trompé honteuzemant dans un achat.

Carabin, *n. m.* Blé noir (Ch-s-I) Dés champs de mauvais seigle ou de *carabin* (en français blé noir) composaient toute la culture. (Journal *Le XIXe Siècle* 13 févr. 1892, p. 1).

— Se dit aussi dans le Blaizois.

Carafon, *n. m.* Garson de café (I).

Çarboès, *n.* d'un chef lieu de comune (Cher, au prés de Reuilly, Indre), écrit sur les cartes *Cerbois.*

Carbotin, *n. m.* (probablemant du lat. *caput*, tête). Sorte de poisson assez abondant dans l'Arnon.

— Sin. *Chabossot.*

Carcan, *n. m.* Mauvais cheval, rosse.

— Sin. *Carne.*

— Se dit aussi dans le Blaizois.

Çarcher, *v. a.* (provansal *cercar*, italien *cercace*, du lat *circare* qui est déjà dans Properce, avec le sans d'errer ça et la). Chercher.

Vous qui *cerchez* lés repues franches. (*Poézies atribuées a Villon*).

— Sin. *Ch'cha.*

Carcouet, *n. m.* Le dérière du cou (Parpeçay).

— Sin. *Cacouet* et *gagouet.*

Carcul, *n. m.* (lat. *calculus*, caillou). Calcul.

— Se dit aussi dans le Blaizois.

Carculer, *v. a.* et *n.* calculer. En *querculant* la révolucion des temps. (Eustache DESCHAMPS, XIVe siècle. D'après Godefroy).

— Se dit dans le Blaizois.

Carder, *v. n.* En parlant des bêtes, agonizer, jeter les derniers mouvemans de la vie (Ic). Quand je l'ai vu *carder*, j' mé seus en alé.

Carder (se) *v. pr.* En parlant des chiens, se batre entre eus (Ic). Les chiens i s' *sont cardés.*

Carder, *v. n.* même sans. Il est bon qu'a fé *carder* les chiens.

Câré, *n. m.* Règle pour régler du papier et dont chaque bout est un câré; beaucoup de libraires l'apèlent *bâtonet* (Ic).

Cârée, *n. f.* Baldaquin (Ch-s-I).

Carée *n. f.* (du lat. *carnem* v. fr. *charn* et *char* chair). Viande pourie provenant de bêtes mortes (Ic). Ceus chiens, il empoizounont : il ont manjé d' la *carée.*

Carême (v. fr. *quaresme*, à l'orijine *quaraesme*, en italien *quaresima*, du lat. *quadragesima*, le quarantième jour avant Pâques). Ce mot est f. a Ch. come en italien.

Cârer, (se) *v. pr.* Glisser sur la glace, patiner (Ch).

Cârêler, *v. a.* Saillir. Se dit des oies. Son jers a *carêlé* moun oua (Paudy).

Çarje, *n. f.* Charje (Ic). A la jorné' d'aujordui, faut argader les *çarges* qué les pé'zans i t'nont. (*Réveil de la Gaule*, février 1893).

Çarjer, *v. a.* (espagnol *cargar*, italien *caricare*. du lat. *carricare*, charjer dans Saint-Jérôme). Charjer (Ic).

Cargnier, *n. m.* Sac d'écolier (Ic). Un plein *cargnier* de livres et de cahiers.

Carnaval, *Ça en f'rait r'véni l' souper du carnaval*, expression qui se dit à l'ocazion d'une choze qui dégoûte beaucoup.

— *Son estouma fait carnaval avec son vantre*, se dit d'une fame qui n'a pas de corset et dont les seins dessandent bas.

— CARNAVAL, surnom (Eguzon).

Carnasson, *n. m.* (de carnassière). Petit sac dans lequel les enfans de l'école aportent leur déjeûner (Urciers).

Carne, *n. f.* (même orijine que *carée*). Mauvaize viande, même viande pourie de bêtes mortes (Ic).

— Vieille personne qui ne mérite pas de considéracion (Ic).

— Sin. de *carcan.*

Câroer, *n. m.* (pron. câ-roé; du lat. *quadrivium*, quatre voies). Carefour. J'yi sonjais quand j' vous ai aparsu sus l' *câroer*. (Edmond AUGRAS, *Une noce en Beri*). — Auquel temps les foüaciers de Lerne passoient le grand *quarroy*, menans dix ou douze charges de foüaces à la ville. (RABELAIS, livre I, ch. XXV).

— Dans le dép. de l'Indre, on trouve dis endrois qui portent le n. de *carroir* (pron. câ-roé) et une rue à I.

Carquelin, *n. m.* (pron. carclin ou carkélin; du v. craquer). Pâtisserie léjère qui craque sous la dant (Ic). En fr. on dit craquelin.

— Employé aussi dans le Blaizois.

Cartron, *n. m.* (italien *cartone* carton). Carton (Ch).

Cas. *Fére aucun cas d' soé*, se laisser aler, avec

un air soufrant, malade. Ah ! il est bin mal : *i fait pus aucun cas d' lui*.

Cascarinète, *n. f.* sin. de *capucine* (Ic).

Dansons la cascarinète,
Y'a point de pain cheus nous ;
Yen a cheus la mér' Molète,
Mais ce n'est pas pour nous. *(Couplet populaire)*.

Câssaud, *n. m.* Tesson, morseau de poterie, de tuile (Ic). — Le crâne (terme familier). Il a pus d' chéveus sus l' *câssaud*.

Casse, *n. f.* (pro. ca-c' come dans place ; du bas lat. *caza*, ansien haut alemand *kezi*, poêle). Sorte de chaudière. Ma *casse* est trop p'tit' pour fé' la lessive.

Casse, *n. f.* (même pron. que plus haut). Mote de tère (S). Les cass's sont jolimant dures.

Cassée, *n. f.* Le contenu d'une *casse*.

Câsser les pos, (a du être à l'orijine *cosser les paus*; *pau*, pieu). Quand on *dordaille*, laisser tomber de tans en tans sa tête, come si on voulait cogner quelque choze avec.

Câssot, *n. m.* Sorte de cuvier en bois dans lequel on verse le blé, l'orje, etc. pour les mezurer, les jours de marché (Valençay).

— Sin. *Gâssot*.

Cassouillet, *v. a.* (pron. ca-çou-ié). Troubler l'eau ou un liquide quelconque (S). L'égue, ale est tout' *cassouillade*. (L'eau est toute troublée). — Voilà pourquoi il ne faut se vanter de nous *gazouiller* de vos ordures de sperme. (Brantôme, *Dames Galantes*).

Castrole, *n. f.* (de *casse*), Casserole (Ic).

— Employé aussi dans le Blaizois.

Castrolée, *n. f.* Le contenu d'une *castrole* (Ic).

— Employé aussi dans le Blaizois.

Cataplasse, *n. m.* (a ouvert et bref ; du grec *cataplasma* ; aus environs de Puy-en-Velay, on dit *cataplame*). Cataplasme.

— Se dit dans le Blaizois.

Cataud, *n. f.* Fille de meurs léjères (Ic).

Quat' *catous*, voulez-vous danser,
V'la l'bastringue, v'la l'bastringue ;
Quat' *cataus*, voulez-vous danser,
V'la l'bastringu' qui va comanser.

Ce couplet populaire se chante en apliquant des cous de cartes à jouer sur le nez du perdant, a un certain jeu de cartes.

Cat'caïa, cri de la caille (Ic).

Cat'caïa, *cat'caïa*,
Quand j'ai l' sa, j'ai pas l' blé ;
Cat'caïa, *cat'caïa*,
Quand j'ai l' blé, j'ai pas l' sa. *(Strofe populaire)*.

Le *sa* (sac), c'est le vantre creus de la caille.

Caté, *prép.* (du lat. *quando*, quand, et *et* ; vieus fr. *quand et*). Avec (S).

Tous quiés-qui ki te f'rint do mau,
Casse-you la goul', casse-you la goule ;
Tous quiés-qui ki te f'rint do mau,
Casse-you la gou' *caté* ton sabot. *(Couplet populaire)*.

Tous ceus-la qui te feront du mal, casse-leur la gueule avec ton sabot.

Le temps i s'est mis doux,
La route alle est parfaite,
Venez *quant et* nous tous,
J'allons à la grand' fête. (Ch. de Laugardière).

A ces parolles respondit le Roy que ouy, mais que la paix fust jurée (ce qu'il désiroit), qu'il estoit content d'aller *quant et* luy au Liège, et d'y mener des gens en si petit ou si grand nombre que bon lui sembleroit. (Commynes). — Pareillement, et *quant et* quand je luy livre chanse. (Rabelais, livre III, chap. XXXIX). — Comme ils s'en revenaient, menant leur butin *quand et* eux. (Malherbe). — Cambyse fit mourir sa sœur venue *quand et* lui en Egypte. (P.-L. Courier).

Catéchime, *n. m.* Catéchisme. Les Précieuses proposaient d'écrire *catéchime*. (Somaize, Diction. des Précieuses). Disant « qu'il faloit faire en sorte que l'on put écrire de mesme que l'on parloit. »

Se dit aussi dans le Blaizois.

Catéchimeus, ze, *n. m.* et *f.* Celui, cèle qui va au catéchisme. (Ic). Je me souviens toujour d'une joli' *catéchimeuze*, bèle fillète, qui me fit un jour cadeau de quelque choze.

Cateline, *n. f.* Altéracion du mot Catherine.

Dodo, Adeline,
Sainté *Cateline*, etc.
(Extrait d'un *couplet populaire*, Ch).

Catin, *n. f.* Poupée. Il n'y a aucune impolitesse, pour les payzans, a employer ce terme qui choque quelques persones se prétandant bien éduquées.

— S'emploie aussi dans le Blaizois.

Cauze, *n. f.* **A cauze** ou **d'a cauze**, *loc. conj.* (cauze se pron. souvant *cô*, *o* long et tandu). Pourquoi.

— *A cauz' que* ou *d'a cauz' que*, pourquoi que. *D'a cauz'* don *qu*'il est pas v'nu ? C'est-i berdin in houm' coum' ça. (Edmond Augras, *Une noce en Bèri*).

Cavaler, *v. a.* Se dit des vaches qui montent sur les autres (Ch). J' crés bin qu' la Joli' veut les veaus, ale a *cavalé* la Châtin.

Cavargnier, *n. m.* Bateur en granje (Ic). Dépus les macaniqu's, él flau des *cavargniers* s'entant pus coume aut' foés.

— Aus environs de Valençay, moissoneur.

Cavarne. *Sarvant' de cavarne*, servante suplémantaire a l'ocazion de la moisson.

Cazaquin, *n. m.* (de cazaque, italien *casacco*, manteau). Le dérière de la tête (Ic). J' m'en vas t'alonjer queuqu' chouz' sus l' *cazaquin*.

— Sin. *Châgnon*.

Cazarne, *n. f.* (de l'espagnol *caserna*, même sans). Cazerne (Ic). Cheus moé, c'est souvant qu' ou mizère a la grousse ouvraje ; la noritur' vaut pas c'tèlla qu' i nous dounont a la *cazarne*. (*Réveil de la Gaule*, février 1893).

Cazavesse, *n. m.* (peutêtre de cazaque et de veste, les créoles des Mascareignes apèlent *cazaveck*, une sorte de vêtemant, d'après la *Romania* XX, p. 259). Espèce de caracot sans manches (Ic).

Cazine, *n. f.* (du lat. *casa*, maison). Nom d'une tère (Ch) ou l'on trouve des débris de tuiles gallo-romaines.

Cazute, *n. f.* (probablemant de hute avec le préfixe péjoratif *ca*, ou de cahute, que les marins prononsent *cajute*, du hollandais *kajuite*, cabine). Petite cabane, petite méchante chaumière. (Conu a Ch).

— Sin. *Bouinote*.

***Ceinre**, *n. f.* (italien *cenere*, du lat. *cinerem*). Cendre.

— On pourait écrire *cinre*, sans faire de faute étimolojique.

Ceinture. *Ête a pleinn' ceinture*, en parlant d'une fame, être duremant enceinte.

Céjalat, *n. de lieu* (a du s'écrire autrefois *Chezalat* : voyez le mot ci-dessous). Hameau de la com. d'Éguzon.

Céjau (le), *n. de lieu*. Prononsiacion du n. d'un chef-lieu de com. écrit sur les cartes *les Chezeaux* (Haute-Viène), auprès de Mouhet, Indre.

Cèle, *adj. dém.* (*f.* du v. fr. *cel*, *icel*, lat. *ecce-illum*). Cète, dans l'éxpression : *a cèl' fin* (afin).

On ne m'eust parmi ce drapel
Fait boire a *celle* escorcherie. (VILLON).

— Il me samble que G. Sand a écrit *à seule fin*, mais c'est a tort.

— Sin. *Quièle* et *quièle*.

Cel'-la-la, *pr. dém.* Cèle-la (Ch-s-I).

— Sin. *Quièle-qui-qui*, *cetèlla-la*, *cèle-ci*, *cèle-la*, *quièle*, *quièle*, *quièle-qui*, *cetèlla*.

Cel-la, *pr. dém.* (pour l'orijine, v. *cèle*). Celui-la. *Cel-la* qu'est oblijé d'aj'ter tout, n'est pas hureus.

— Sin. *Cetilla*, *stulla*, *cet-la*, *quio-lè*, *quio-qui*.

Cemantére ou **cemantire**, *n. m.* (pron. s'-man-té-r' ; lat. *cœmeterium*). Cimetière (S).

— Le comte Jaubert cite *cementière*, mot a moi inconu.

— Dans le Blaizois, on dit *cemetire*.

— Sin. *Cémequiére* ou *cém'tière*.

Cémequiére ou **cémetiére**, *n. m.* (pr. cé-mquié-r' ; lat. *cœmeterium*). Cimetière (Ic). Au *cém'tière*, âle a encore arcoumansé jusqu'au moumant qu' la tère ale arcouvrait él sarcueil. (*Réveil de la Gaule*, sep. 1892).

Cendrille, *n. f.* (de cendre, a cauze de la couleur de cet oizeau). Mézanje (S).

— Sin. *Ardrèche* et *ardrole*.

Censémant, *adv.* Pour ainsi dire. Il est *censémant* en enfanse.

Cerer, *n. m.* (pron. s'ré ; patois de la Creuze, *cerier*, de *cerèze*). Cerizier (Ch).

Ani, cousin Riblère,
Posàs votre goumier
Dessoubró la fauguière
Au pied dau grand *cerier*. (F. METTOUX).

— CERAY, *n.* de quatre endrois dans l'Indre, dont l'un ansiénemant était écrit Cerez.

Ceréze, *n. f.* (du lat. *cerasa*, pl. de *cerasum*, cerize). Cerize (Ch). *Das *c'réz's* néres (Des guignes noires).

Cérujien, *n. m.* (altéracion de *chirurjien*). Medecin (Ch). Terme surtout employé par les vieus. Cienq peinte de vin dant le tant quil fut malade tant pourre louis que pourre sont *serugient* du 8 avril 1758. (*Registre de l'auberjiste Cadeau*).

Ces-ci, ces-la, *pr. dém.* Ceus-la, cèles-la, ceus-ci, cèles-ci. Se dit souvant, et surtout, je crois, par des persones ayant reçu une certaine instrucsion.

Et à l'esgard des exquises Bergères
Qui là estoient, ie ne vous tiendray guères ;
Avis me fut de veoir les nobles fées
Du temps iadis : voire bien mieux coiffées
Ces cy estoient, leur naïve beauté,
Feroit qu'un mort seroit ressuscité. (François HABERT).

— Sin. *Quiés-qui*, *quièlés-qui*, *quiés-lè*, *quièlés-lè*.

Cet, *adj. dém.* (pron. s't ; fr. moderne cet, v. fr. *cest*, *cist*, *icist*, du lat *eccisle*, celui-ci). Altéracion de cet.

Ceté, *adj. dém.* (pron. *s'té* ; *f.* de *cet*). Altéracion de cète. Le grand Galafin vous en dira de *c'te* force-la. (Arthur PONROY, *la Richesse du pauvre*).

Cète-ci, cète-la, *pr. dém.* (pron. cèt'ci, cèt'la ; pour l'orijine, v. *cet*). Celui-ci, celui-la (Ch). Par ma barbe, elles sont competemment méchantes pour une telle ville comme *cette-cy*, car une vache avec un pet en abattrait plus de six brasses. — Voyez-vous bien *cette-la* petite qu'on s'en va remettre au pressouer? (RABELAIS, livre II, chap. XV et livre V, chap. VII). — Comme fit *celle-cy* qui eut la vie sauve. (BRANTÔME, *Dames Galantes*).

— Sin. *Cèle-la-la*, etc.

Cetélla, cetélla-la, *pr. dém.* (pron. s'tél-la, s'tél-la-la ; pour l'orijine, v. *cel*). Cèle-la (Ic).

— T'apesseras-tu, berlaude ?
Que j' quillins si je veulons !
C'tella-là qu'alle est peuraude
Qu'a s'accagne en ceux maihons.
(Ch. de LAUGARDIÈRE).

— Je vois clairement que vous n'aimez pas *ct'elle-la* qu'on vous destine. (SCRIBE, *la Marraine*).

— Se dit aussi dans le Blaizois.

— Sin. *Cèle-la-la*, etc.

Cetilla ou **Cetulla**, *pr. dém.* (pron. stil-la, stul-la ; de l'ansien fr. *cesti*, *cestui*, lat. *ecce-istui*, et la). Celui-la (Ic). Il faut briser l'échelle après *celi la*. (MOLIÈRE, *Médecin*).

— *Cetilla* se dit aussi dans le Blaizois.

— Sin. *Cel-la*, etc.

Cet-la, *pr. dém.* (pron. sèt'la ; du v. fr. *cest*, *icest*, lat. *ecceistum*, et la). Celui-la (S). *Cet-la*, c'est l' bon.

— Sin. *Cel-la*, etc.

Ceus (les), *pr. dém.* (ceus, du v. fr. *icels*, *cels*, lat. *ecce-illos*, et les). Ceus-la (Ic). Et coum' dé fait bras d'ssus, bras d'ssous, il ont d'valé du couté d' l'aubarje a la mér' Rebec défunt, rasibus un' grouss' fam' que dormait les yeux env'lopés, et cauzait a tous *les ceus* que veliont monter. (*Réveil de la Gaule*, avril 1893).

Ceus, *adj. dém.* (pour l'orijine. v. *les ceus*). Ces.

Tant que j'arons fait la poëlée
Je nous arprenrons nout chemin,
Tout en chantant d'eune affilée
Ceux Noëls qu'is accolont si bin.
(Ch. de LAUGARDIÈRE).

Je ne faisons point de *ceux* vins-la, du coûté de par cheux nous. (Arthur PONROY, *La Richesse du Pauvre*).

Céviére ou **cévié-rouléte**, *n. f.* Brouète.

— Sin. *Bérouèle*.

***Chabia**, *v. a.* (v. fr. *chapler*, lat. *capulare*). Abatre des fruis, nois, châtaignes, a cous de perche. En fr. on dit gauler. N'ins *chabiâ* dos cacos (nous avons abatu des nois).

— Sin. *Chabler* et *flâber*.

Bibliotèque d'un Bêrichon

ACCOLAS (Emile) : *Ouvrages de droit.*

ACHARD (Edouard) : *A la Conquête d'une source*, 1 vol., 0 fr. 25.

AUDEBRAND (Philibert) : *La Pivardière, le Bigame*, 1 vol.

BAUDELAIRE (Charles), ex-journaliste à Châteauroux (1852) : *Les Fleurs du mal*, poésies, 1 vol.

BÉNARD (Dr) : *Poésies*, 1 vol.

BENGY-PUYVALLÉE (de) : *Plein-Air, les Gerfauts*, poésies, 2 vol., 3 fr. l'un.

BERTHET (Sara) : *Poésies*, 2 vol.

BEUCHER (Alfred) : *Poésies*, brochures formant 1 vol., 3 fr. 50.

BILHAUD (Paul) : *Bigame*, comédie en 3 actes, 2 fr.

BLANCHEMAIN (Paul) : *Anatole Feugère*, 1 v., 3 fr.

BLANCHEMAIN (Prosper) : *Poésies*, 2 vol.

BOUÉ de VILLIERS, rédacteur en chef du *Progrès de l'Indre* : *Vierge et Prêtre*, 1 v., 3 fr.

BRANDA (Paul), collaborateur à l'*Eclaireur du Berry* : *Cochinchine, Lettres d'un marin, Contre-vent et marée, Autour du monde*, 4 v., 3 fr. 50 l'un.

BUJON (Pierre) : *Histoires d'amour*, 1 v., 3 f. 50.

CHEVALET (Emile) : *Voyage en Islande, De l'Extinction du Paupérisme*, 2 vol.

CAILLAUD (J.-J.) : *Poésies*, 1 vol.

CARRAUD (Mme Z.) : *La Petite Jeanne, Une Servante d'autrefois*, 2 vol.

DANAIS-ROLLINAT (Mme) : *Poésies*, 1 vol.

DELBŒUF (Régis), ex-professeur au lycée de Châteauroux : *Prosper Blanchemain*, 1 vol.

DELORME (Emmanuel) : *Chansons*, 1 v., 2 fr.

DESCHAMPS (Emile) : *Poésies*.

DORÉ (Georges) : *Le Petit Philosophe*, 1 brochure, 0 fr. 50.

FAUCONNEAU-DUFRESNE : *Histoire de Déols et de Châteauroux*, 2 v., 6 fr. les deux.

FERRÉ (Emile) : *Versiculets*, 1 vol.

GUÉRIN (Paul) : *Dictionnaire des Dictionnaires*.

HABERT (François), poète du XVIe siècle : *Poésies*.

HUBERT (Eugène) : *Dictionnaire géographique, historique, statistique de l'Indre*, 1 vol., 4 fr.

JAUBERT (Comte) : *Glossaire du Centre de la France*.

LECHERBONNIER (Ch.-A.) : *Thomas Lumet*, juge de paix, 1 brochure.

LECONTE (Alfred) : *Œuvres*, 2 vol., 15 fr. les deux.

LIESSE (André) : *Vauban économiste*, 1 vol.

LIGER (Albert) : *Maître Cadi*, 1 brochure, 1 fr.

MAGNARD (Jules) : *Les Mosaïques*, poésies, 1 v.

MARET (Henry) : Une année du *Radical*.

PONROY (Arthur) : *Formes et Couleurs*, poésies, *Le Roi des Cent Rois, la Paroisse de Valnay*, romans, 4 vol.

PYAT (Félix) : *Théâtre*.

RABELAIS : *Gargantua*.

ROLLINAT (Maurice) : *Dans les Brandes, les Névroses, l'Abîme*, poésies, 3 v., 3 fr. 50 l'un.

SAINSON (Anatole : *Gouttes d'encre*, poésies, 1 vol. (en préparation), 3 fr. 50.

SALIS (Rodolphe) : Une année du *Chat Noir*.

SAND (George) : *Œuvres*.

SAND (Maurice) : *La Fille du Singe*, 1 vol.

SANDEAU (Jules) : *La Roche aux mouettes*, 1 vol., 3 fr.

SILVESTRE (Armand), président d'honneur de la Société des Gas du Berry : *Cadet Bitard*, 1 v.

TALLEYRAND : *Mémoires*.

TISSIER (Jean) : *Dictionnaire berrichon*, 1 v., 1 fr.

TOUCHE (Guymond de la) : *Iphigénie en Tauride*, tragédie, 1 brochure.

TOUZIN (Jenny) : *Le Voyou*, 1 vol.

VEILLAT (Just) : *Les Huguenots d'Issoudun*, 1 vol., 2 fr.

VOGUÉ (Marquis de), de l'Académie Française : *Œuvres*.

VORYS (Jules de), de la Villegille et de la Tremblais : *Les Esquisses pittoresques de l'Indre*, 1 v., 50 fr.

LE RÉVEIL DE LA GAULE, revue mensuelle, 3 fr. par an, chez Badel, Châteauroux.

LA REVUE DU CENTRE, mensuelle, 12 fr. par an, chez Majesté, Châteauroux.

En Vente à la même Librairie

D'ARBOIS DE JUBAINVILLE (H.). — Les noms Gaulois chez César et Hirtius de *bello gallico*. 1re série : Les composés dont *Rix* est le dernier terme. In-8. . . . . 4 fr.

BASTIN (J.). — Étude sur les principaux adverbes. Affirmation-négation-manière. In-8. 3 fr.

BELJAME (A.). — La prononciation française du nom de Jean Law, le financier. Gr. in-8. 1 f. 25

CARNEL (D.). — Le Dialecte flamand de France. Étude phonétique et morphologique de ce dialecte tel qu'il est parlé spécialement à Bailleul et ses environs (Nord). In-8 avec une carte. 2 f. 50

COSQUIN (E.) — Contes populaires de Lorraine, comparés avec les contes des autres provinces de France et précédés d'un essai sur l'origine et la propagation des contes populaires européens, 2 vol. gr. in-8 . . . . 12 fr.

DUBOIS (P.-L.-V.). — Philologie wallonne, Monographie du patois du Luxembourg méridional. In-8 . . . . 1 fr.

FERTIAULT (F.) — Dictionnaire du langage populaire verduno-chalonnais, 1re livraison, in-8. . . . . 2 fr. 50

HAILLANT (N.) — Essai sur un patois vosgien. Dictionnaire phonétique et étymologique, in-8 . . . . 10 fr.
— Flore populaire des Vosges, in-8. . . 4 fr.

HATOULET (J.) et PICOT (E.) — Proverbes basques et béarnais, recueillis et accompagnés d'un vocabulaire et de quelques proverbes dans les autres dialectes du Midi, in-8 . . . . 6 fr.

LIPTAY (A.). — Langue catholique. Projet d'un idiome international sans construction grammaticale. In-8. . . . . 4 fr.

LOTH (J.). — Chrestomathie bretonne (armoricain, gallois, cornique), 1re partie. Breton-armoricain. Gr. in-8. . . . . 10 fr.
— Vocabulaire vieux-breton, avec commentaire, contenant toutes les gloses en vieux-breton, gallois, cornique, armoricain, connues. Précédé d'une introduction sur la phonétique du vieux-breton et sur l'âge et la provenance des gloses. Gr. in-8 . . . . 10 fr.

MARCHOT (P.) — Le patois de Saint-Hubert (Luxembourg belge), in-8. . . . . . 2 fr. 50

PARIS (G.) — Les Chants populaires du Piémont, in-4. . . . . 2 fr. 50

SCHWOB (M.) et GUIEYSSE (G.) — Étude sur l'argot français, gr. in-8 . . . . . . 1 fr. 50

SONIOU BREIZ-IZEL. — Chansons populaires de la Basse-Bretagne, recueillies et traduites par F.-M. LUZEL, avec la collaboration de A. LE BRAZ. 2 vol. in-8. . . . . . 16 fr.

STECHER (J.). — Jean Lemaire de Belges, sa vie, ses œuvres. Gr. in-8 . . . . . . 3 fr.

SUCHIER (H.). — Le Français et le Provençal, traduit de l'Allemand par P. MONET. In-8. 6 fr.

TIMMERMANS. — Traité de l'Onomatopée, ou clé étymologique pour les racines irréductibles, in-8 . . . . 4 fr.

ZANARDELLI (T.) — L'Étrusque, l'Ombrien et l'Osque dans quelques-uns de leurs rapports intimes avec l'Italien, gr. in-8 . . . . . 4 fr.

REVUE DE PHILOLOGIE FRANÇAISE ET PROVENÇALE, recueil trimestriel consacré à l'étude des langues, dialectes et patois de France, publié par L. Clédat, professeur à la faculté des lettres de Lyon. — Prix d'abonnement : Paris et départements, 15 fr. Étranger, 17 fr.

ISSOUDUN. — IMP. TYP. ET LITH. E. MOTTE.

E. Motte

PIÈRE DE LA LOJE

GLOSSAIRE DU BAS BÈRI

(INDRE)

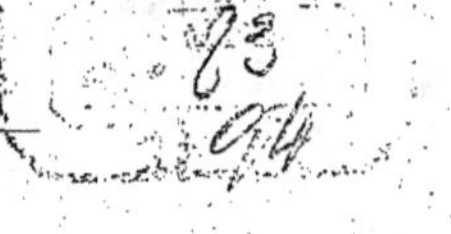

Cet Ouvraje peut en outre être consulté pour le Cher, et en général pour tout le Centre de la Franse

Il paraît un facicule chaque mois; aucun n'est vandu séparémant

Abonemant aus 12 premiers facicules : 3 fr. 50

2

PARIS

Emile BOUILLON, Éditeur

67, rue Richelieu, 67

1892

ABRÉVIACIONS PRINCIPALES

(Ch) ou Ch.	Chantôme.
(Ch-s-I) ou Ch.-s-I.	Châtillon-sur-Indre.
Com	Comune.
Contr.	Contraire.
(I) ou I.	Issoudun.
(Ic) ou Ic.	Issoudun campagne.
Lat	Latin.
Sin	Sinonime.
(S) ou S.	Sud.
V. fr.	Vieus fransais.

NOTA. — Chantôme est une petite comune qui touche le départemant de la Creuse ; èle fait partie du canton d'Eguzon et apartenait autrefois a la provinse de la Marche. La populacion y est bilingue, cètadire que les gens y parlent patois entre eus et fransais avec les étrangers.

Les mos précédés d'un astérisque sont les mos patois ; le bérichon-marchois est le parler de Chantôme ou des environs.

— Je recevrai avec reconaisanse toutes les comunicacions que l'on voudra bien me faire.

P. de la L.

Bibliotèque d'un Bêrichon

ACCOLAS (Emile): *Ouvrages de droit.*

ACHARD (Edouard): *A la Conquête d'une source*, 1 vol., 0 fr. 25.

AUDEBRAND (Philibert): *La Pivardière, le Bigame*, 1 vol.

BAUDELAIRE (Charles), ex-journaliste à Châteauroux (1852): *Les Fleurs du mal*, poésies, 1 vol.

BÉNARD (Dr): *Poésies*, 1 vol.

BENGY-PUYVALLÉE (de): *Plein-Air, les Gerfauts*, poésies, 2 vol., 3 fr. l'un.

BERTHET (Sara): *Poésies*, 2 vol.

BEUCHER (Alfred): *Poésies*, brochures formant 1 vol., 3 fr. 50.

BILHAUD (Paul): *Bigame*, comédie en 3 actes, 2 fr.

BLANCHEMAIN (Paul): *Anatole Feugère*, 1 v., 3 fr.

BLANCHEMAIN (Prosper): *Poésies*, 2 vol.

BOUÉ de VILLIERS, rédacteur en chef du *Progrès de l'Indre*: *Vierge et Prêtre*, 1 v., 3 fr.

BRANDA (Paul), collaborateur à l'*Eclaireur du Berry*: *Cochinchine, Lettres d'un marin, Contre vent et marée, Autour du monde*, 4 v., 3 fr. 50 l'un.

BUJON (Pierre): *Histoires d'amour*, 1 v., 3 f. 50.

CHEVALET (Emile): *Voyage en Islande, De l'Extinction du Paupérisme*, 2 vol.

CAILLAUD (J.-J.): *Poésies*, 1 vol.

CARRAUD (Mme Z.): *La Petite Jeanne, Une Servante d'autrefois*, 2 vol.

DANAIS-ROLLINAT (Mlle): *Poésies*, 1 vol.

DELBŒUF (Régis), ex-professeur au lycée de Châteauroux: *Prosper Blanchemain*, 1 vol.

DELORME (Emmanuel): *Chansons*, 1 v., 2 fr.

DESCHAMPS (Emile): *Poésies.*

DORÉ (Georges): *Le Petit Philosophe*, 1 brochure, 0 fr. 50.

FAUCONNEAU-DUFRESNE: *Histoire de Déols et de Châteauroux*, 2 v., 6 fr. les deux.

FERRÉ (Emile): *Versiculets*, 1 vol.

GUÉRIN (Paul): *Dictionnaire des Dictionnaires.*

HABERT (François), poète du XVIe siècle: *Poésies.*

HUBERT (Eugène): *Dictionnaire géographique, historique, statistique de l'Indre*, 1 vol., 4 fr.

JAUBERT (Comte): *Glossaire du Centre de la France.*

LECHERBONNIER (Ch.-A.): *Thomas Lumet*, juge de paix, 1 brochure.

LECONTE (Alfred): *Œuvres*, 2 vol., 15 fr. les deux.

LIESSE (André): *Vauban économiste*, 1 vol.

LIGER (Albert): *Maître Cadi*, 1 brochure, 1 fr.

MAGNARD (Jules): *Les Mosaïques*, poésies, 1 v.

MARET (Henry): Une année du *Radical.*

PONROY (Arthur): *Formes et Couleurs*, poésies, *Le Roi des Cent Rois, la Paroisse de Valnay*, romans, 4 vol.

PYAT (Félix): *Théâtre.*

RABELAIS: *Gargantua.*

ROLLINAT (Maurice): *Dans les Brandes, les Névroses, l'Abîme*, poésies, 3 v., 3 fr. 50 l'un.

SAINSON (Anatole): *Gouttes d'encre*, poésies, 1 vol. (en préparation), 3 fr. 50.

SALIS (Rodolphe): Une année du *Chat Noir.*

SAND (George): *Œuvres.*

SAND (Maurice): *La Fille du Singe*, 1 vol.

SANDEAU (Jules): *La Roche aux mouettes*, 1 vol., 3 fr.

SILVESTRE (Armand), président d'honneur de la Société des Gas du Berry: *Cadet Bitard*, 1 v.

TALLEYRAND: *Mémoires.*

TISSIER (Jean): *Dictionnaire berrichon*, 1 v., 1 fr.

TOUCHE (Guymond de la): *Iphigénie en Tauride*, tragédie, 1 brochure.

TOUZIN (Jenny): *Le Voyou*, 1 vol.

VEILLAT (Just): *Les Huguenots d'Issoudun*, 1 vol., 2 fr.

VOGUÉ (Marquis de), de l'Académie Française: *Œuvres.*

VORYS (Jules de), de la Villegille et de la Tremblais: *Les Esquisses pittoresques de l'Indre*, 1 v., 50 fr.

LE RÉVEIL DE LA GAULE, revue mensuelle, 3 fr. par an, chez Badel, Châteauroux.

LA REVUE DU CENTRE, mensuelle, 12 fr. par an, chez Majesté, Châteauroux.

ISSOUDUN. — IMP. TYP. ET LITH. E. MOTTE.

E. Motte

PIÈRE DE LA LOJE

GLOSSAIRE DU BAS BÈRI

(INDRE)

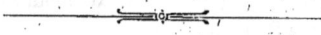

Cet Ouvraje peut en outre être consulté pour le Cher, et en général pour tout le Centre de la Franse

Il paraît un facicule chaque mois; aucun n'est vandu séparémant

Abonemant aus 12 premiers facicules : 3 fr. 50

3

PARIS

Emile BOUILLON, Éditeur

67, rue Richelieu, 67

—

1892

ABRÉVIACIONS PRINCIPALES

(Ch) ou Ch.	Chantôme.	(Ic) ou Ic.	Issoudun campagne.
(Ch-s-I) ou Ch.-s-I. .	Châtillon-sur-Indre.	Lat	Latin.
Com	Comune.	Sin	Sinonime.
Contr.	Contraire.	(S) ou S.	Sud.
(I) ou I.	Issoudun.	V. fr.	Vieus fransais.

NOTA. — Chantôme est une petite comune qui touche le départemant de la Creuse ; èle fait partie du canton d'Eguzon et apartenait autrefois a la provinse de la Marche. La populacion y est bilingué, cètadire que les gens y parlent patois entre eus et fransais avec les étrangers.

Les mos précédés d'un astérisque sont les mos patois ; le bèrichon-marchois est le parler de Chantôme ou des environs.

— Je recevrai avec reconaisanse toutes les comunicacions que l'on voudra bien me faire.

P. DE LA L.

Bibliotèque d'un Bêrichon

ACCOLAS (Emile) : *Ouvrages de droit.*

ACHARD (Edouard) : *A la Conquête d'une source*, 1 vol., 0 fr. 25.

AUDEBRAND (Philibert) : *La Pivardière, le Bigame*, 1 vol.

BAUDELAIRE (Charles), ex-journaliste à Châteauroux (1852) : *Les Fleurs du mal*, poésies, 1 vol.

BÉNARD (Dr) : *Poésies*, 1 vol.

BENGY-PUYVALLÉE (de) : *Plein-Air, les Gerfauts*, poésies, 2 vol., 3 fr. l'un.

BERTHET (Sara) : *Poésies*, 2 vol.

BEUCHER (Alfred) : *Poésies*, brochures formant 1 vol., 3 fr. 50.

BILHAUD (Paul) : *Bigame*, comédie en 3 actes, 2 fr.

BLANCHEMAIN (Paul) : *Anatole Feugère*, 1 v., 3 fr.

BLANCHEMAIN (Prosper) : *Poésies*, 2 vol.

BOUÉ de VILLIERS, rédacteur en chef du *Progrès de l'Indre* : *Vierge et Prêtre*, 1 v., 3 fr.

BRANDA (Paul), collaborateur à l'*Eclaireur du Berry* : *Cochinchine, Lettres d'un marin, Contre-vent et marée, Autour du monde*, 4 v., 3 fr. 50 l'un.

BUJON (Pierre) : *Histoires d'amour*, 1 v., 3 f. 50.

CHEVALET (Emile) : *Voyage en Islande, De l'Extinction du Paupérisme*, 2 vol.

CAILLAUD (J.-J.) : *Poésies*, 1 vol.

CARRAUD (Mme Z.) : *La Petite Jeanne, Une Servante d'autrefois*, 2 vol.

DANAIS-ROLLINAT (Mme) : *Poésies*, 1 vol.

DELBŒUF (Régis), ex-professeur au lycée de Châteauroux : *Prosper Blanchemain*, 1 vol.

DELORME (Emmanuel) : *Chansons*, 1 v., 2 fr.

DESCHAMPS (Emile) : *Poésies.*

DORÉ (Georges) : *Le Petit Philosophe*, 1 brochure, 0 fr. 50.

FAUCONNEAU-DUFRESNE : *Histoire de Déols et de Châteauroux*, 2 v., 6 fr. les deux.

FERRÉ (Emile) : *Versiculets*, 1 vol.

GUÉRIN (Paul) : *Dictionnaire des Dictionnaires.*

HABERT (François), poète du XVIe siècle : *Poésies.*

HUBERT (Eugène) : *Dictionnaire géographique, historique, statistique de l'Indre*, 1 vol., 4 fr.

JAUBERT (Comte) : *Glossaire du Centre de la France.*

LECHERBONNIER (Ch.-A.) : *Thomas Lumet*, juge de paix, 1 brochure.

LECONTE (Alfred) : *Œuvres*, 2 vol., 15 fr. les deux.

LIESSE (André) : *Vauban économiste*, 1 vol.

LIGER (Albert) : *Maître Cadi*, 1 brochure, 1 fr.

MAGNARD (Jules) : *Les Mosaïques*, poésies, 1 v.

MARET (Henry) : Une année du *Radical.*

PONROY (Arthur) : *Formes et Couleurs*, poésies, *Le Roi des Cent Rois, la Paroisse de Valnay*, romans, 4 vol.

PYAT (Félix) : *Théâtre*,

RABELAIS : *Gargantua.*

ROLLINAT (Maurice) : *Dans les Brandes, les Névroses, l'Abîme*, poésies, 3 v., 3 fr. 50 l'un.

SAINSON (Anatole : *Gouttes d'encre*, poésies, 1 vol. (en préparation), 3 fr. 50.

SALIS (Rodolphe) : Une année du *Chat Noir.*

SAND (George) : *Œuvres.*

SAND (Maurice) : *La Fille du Singe*, 1 vol.

SANDEAU (Jules) : *La Roche aux mouettes*, 1 vol., 3 fr.

SILVESTRE (Armand), président d'honneur de la Société des Gas du Berry : *Cadet Bitard*, 1 v.

TALLEYRAND : *Mémoires.*

TISSIER (Jean) : *Dictionnaire berrichon*, 1 v., 1 fr.

TOUCHE (Guymond de la) : *Iphigénie en Tauride*, tragédie, 1 brochure.

TOUZIN (Jenny) : *Le Voyou*, 1 vol.

VEILLAT (Just) : *Les Huguenots d'Issoudun*, 1 vol., 2 fr.

VOGUE (Marquis de), de l'Académie Française : *Œuvres.*

VORYS (Jules de), de la Villegille et de la Tremblais : *Les Esquisses pittoresques de l'Indre*, 1 v., 50 fr.

LE RÉVEIL DE LA GAULE, revue mensuelle, 3 fr. par an, chez Badel, Châteauroux.

LA REVUE DU CENTRE, mensuelle, 12 fr. par an, chez Majesté, Châteauroux.

E. Motte

ISSOUDUN. — IMP. TYP. ET LITH. E. MOTTE.

PIÈRE DE LA LOJE

GLOSSAIRE DU BAS BÈRI

(INDRE)

Cet Ouvraje peut en outre être consulté pour le Cher, et en général pour tout le Centre de la Franse

Il paraît un facicule chaque mois, aucun n'est vandu séparémant

Abonemant aus 12 premiers facicules : 3 fr. 50

4

PARIS
Emile BOUILLON, Éditeur
67, rue Richelieu, 67

1893

ABRÉVIACIONS PRINCIPALES

(Ch) ou Ch.	Chantôme.	(Ic) ou Ic.	Issoudun campagne.
(Ch-s-I) ou Ch.-s-I.	Châtillon-sur-Indre.	Lat	Latin.
Com	Comune.	Sin	Sinonime.
Contr.	Contraire.	(S) ou S.	Sud.
(I) ou I.	Issoudun.	V. fr.	Vieus fransais.

NOTA. — Chantôme est une petite comune qui touche le départemant de la Creuse ; èle fait partie du canton d'Eguzon et apartenait autrefois à la provinse de la Marche. La populacion y est bilingue, cètadire que les gens y parlent patois entre eus et fransais avec les étrangers.

Les mos précédés d'un astérisque sont les mos patois ; le bèrichon-marchois est le parler de Chantôme ou des environs.

— Je recevrai avec reconaisanse toutes les comunicacions que l'on voudra bien me faire.

P. DE LA L.

Bibliotèque d'un Bèrichon

ACCOLAS (Emile) : *Ouvrages de droit.*

ACHARD (Edouard) : *A la Conquête d'une source*, 1 vol., 0 fr. 25.

AUDEBRAND (Philibert) : *La Pivardière, le Bigame*, 1 vol.

BAUDELAIRE (Charles), ex-journaliste à Châteauroux (1852) : *Les Fleurs du mal*, poésies, 1 vol.

BÉNARD (Dr) : *Poésies*, 1 vol.

BENGY-PUYVALLÉE (de) : *Plein-Air, les Gerfauts*, poésies, 2 vol., 3 fr. l'un.

BERTHET (Sara) : *Poésies*, 2 vol.

BEUCHER (Alfred) : *Poésies*, brochures formant 1 vol., 3 fr. 50.

BILHAUD (Paul) : *Bigame*, comédie en 3 actes, 2 fr.

BLANCHEMAIN (Paul) : *Anatole Feugère*, 1 v., 3 fr.

BLANCHEMAIN (Prosper) : *Poésies*, 2 vol.

BOUÉ de VILLIERS, rédacteur en chef du *Progrès de l'Indre* : *Vierge et Prêtre*, 1 v., 3 fr.

BRANDA (Paul), collaborateur à l'*Eclaireur du Berry* : *Cochinchine, Lettres d'un marin, Contre-vent et marée, Autour du monde*, 4 v., 3 fr. 50 l'un.

BUJON (Pierre) : *Histoires d'amour*, 1 v., 3 f. 50.

CHEVALET (Emile) : *Voyage en Islande, De l'Extinction du Paupérisme*, 2 vol.

CAILLAUD (J.-J.) : *Poésies*, 1 vol.

CARRAUD (Mme Z.) : *La Petite Jeanne, Une Servante d'autrefois*, 2 vol.

DANAIS-ROLLINAT (Mme) : *Poésies*, 1 vol.

DELBŒUF (Régis), ex-professeur au lycée de Châteauroux : *Prosper Blanchemain*, 1 vol.

DELORME (Emmanuel) : *Chansons*, 1 v., 2 fr.

DESCHAMPS (Emile) : *Poésies.*

DORÉ (Georges) : *Le Petit Philosophe*, 1 brochure, 0 fr. 50.

FAUCONNEAU-DUFRESNE : *Histoire de Déols et de Châteauroux*, 2 v., 6 fr. les deux.

FERRÉ (Emile) : *Versiculets*, 1 vol.

GUÉRIN (Paul) : *Dictionnaire des Dictionnaires.*

HABERT (François), poète du XVIe siècle : *Poésies.*

HUBERT (Eugène) : *Dictionnaire géographique, historique, statistique de l'Indre*, 1 vol., 4 fr.

JAUBERT (Comte) : *Glossaire du Centre de la France.*

LECHERBONNIER (Ch.-A.) : *Thomas Lumet*, juge de paix, 1 brochure.

LECONTE (Alfred) : *Œuvres*, 2 vol., 15 fr. les deux.

LIESSE (André) : *Vauban économiste*, 1 vol.

LIGER (Albert) : *Maître Cadi*, 1 brochure, 1 fr.

MAGNARD (Jules) : *Les Mosaïques*, poésies, 1 v.

MARET (Henry) : Une année du *Radical.*

PONROY (Arthur) : *Formes et Couleurs*, poésies, *Le Roi des Cent Rois, la Paroisse de Valnay*, romans, 4 vol.

PYAT (Félix) : *Théâtre.*

RABELAIS : *Gargantua.*

ROLLINAT (Maurice) : *Dans les Brandes, les Névroses, l'Abîme*, poésies, 3 v., 3 fr. 50 l'un.

SAINSON (Anatole) : *Gouttes d'encre*, poésies, 1 vol. (en préparation), 3 fr. 50.

SALIS (Rodolphe) : Une année du *Chat Noir.*

SAND (George) : *Œuvres.*

SAND (Maurice) : *La Fille du Singe*, 1 vol.

SANDEAU (Jules) : *La Roche aux mouettes*, 1 vol., 3 fr.

SILVESTRE (Armand), président d'honneur de la Société des Gas du Berry : *Cadet Bitard*, 1 v.

TALLEYRAND : *Mémoires.*

TISSIER (Jean) : *Dictionnaire berrichon*, 1 v., 1 fr.

TOUCHE (Guymond de la) : *Iphigénie en Tauride*, tragédie, 1 brochure.

TOUZIN (Jenny) : *Le Voyou*, 1 vol.

VEILLAT (Just) : *Les Huguenots d'Issoudun*, 1 vol., 2 fr.

VOGUÉ (Marquis de), de l'Académie Française : *Œuvres.*

VORYS (Jules de), de la Villegille et de la Tremblais : *Les Esquisses pittoresques de l'Indre*, 1 vol., 50 fr.

LE RÉVEIL DE LA GAULE, revue mensuelle, 3 fr. par an, chez Badel, Châteauroux.

LA REVUE DU CENTRE, mensuelle, 12 fr. par an, chez Majesté, Châteauroux.

En Vente à la même Librairie

D'ARBOIS DE JUBAINVILLE (H.). — Les noms Gaulois chez César et Hirtins de *bello gallico*. 1re série : Les composés dont *Rix* est le dernier terme. In-8. . . . . . . 4 fr.

BASTIN (J.). — Étude sur les principaux adverbes. Affirmation-négation-manière. In-8. 3 fr.

BELJAME (A.). — La prononciation française du nom de Jean Law, le financier. Gr. in-8. 1 f. 25

CARNEL (D.). — Le Dialecte flamand de France. Étude phonétique et morphologique de ce dialecte tel qu'il est parlé spécialement à Bailleul et ses environs (Nord). In-8 avec une carte. 2 f. 50

COSQUIN (E.) — Contes populaires de Lorraine, comparés avec les contes des autres provinces de France et précédés d'un essai sur l'origine et la propagation des contes populaires européens, 2 vol. gr. in-8 . . . . 12 fr.

DUBOIS (P.-L.-V.). — Philologie wallonne, Monographie du patois du Luxembourg méridional. In-8. . . . . 1 fr.

FERTIAULT (F.) — Dictionnaire du langage populaire verduno-chalonnais, 1re livraison, in-8. . . . . 2 fr. 50

HAILLANT (N.) — Essai sur un patois vosgien. Dictionnaire phonétique et étymologique, in-8 . . . . 10 fr.
— Flore populaire des Vosges, in-8. . . 4 fr.

HATOULET (J.) et PICOT (E.) — Proverbes basques et béarnais, recueillis et accompagnés d'un vocabulaire et de quelques proverbes dans les autres dialectes du Midi, in-8 . . . . 6 fr.

LIPTAY (A.). — Langue catholique. Projet d'un idiome international sans construction grammaticale. In-8. . . . . 4 fr.

LOTH (J.). — Chrestomathie bretonne (armoricain, gallois, cornique), 1re partie. Breton-armoricain. Gr. in-8. . . . . 10 fr.
— Vocabulaire vieux-breton, avec commentaire, contenant toutes les gloses en vieux-breton, gallois, cornique, armoricain, connues. Précédé d'une introduction sur la phonétique du vieux-breton et sur l'âge et la provenance des gloses. Gr. in-8 . . . . 10 fr.

MARCHOT (P.) — Le patois de Saint-Hubert (Luxembourg belge), in-8. . . . . . 2 fr. 50

PARIS (G.) — Les Chants populaires du Piémont, in-4. . . . . 2 fr. 50

SCHWOB (M.) et GUIEYSSE (G.) — Étude sur l'argot français, gr. in-8 . . . . . . 1 fr. 50

SONIOU BREIZ-IZEL. — Chansons populaires de la Basse-Bretagne, recueillies et traduites par F.-M. LUZEL, avec la collaboration de A. LE BRAZ. 2 vol. in-8. . . . . . 16 fr.

STECHER (J.). — Jean Lemaire de Belges, sa vie, ses œuvres. Gr. in-8 . . . . . . 3 fr.

SUCHIER (H.). — Le Français et le Provençal, traduit de l'Allemand par P. MONET. In-8. 6 fr.

TIMMERMANS. — Traité de l'Onomatopée, ou clé étymologique pour les racines irréductibles, in-8 . . . . 4 fr.

ZANARDELLI (T.) — L'Étrusque, l'Ombrien et l'Osque dans quelques-uns de leurs rapports intimes avec l'Italien, gr. in-8 . . . . . 4 fr.

REVUE DE PHILOLOGIE FRANÇAISE ET PROVENÇALE, recueil trimestriel consacré à l'étude des langues, dialectes et patois de France, publié par L. Clédat, professeur à la faculté des lettres de Lyon. — Prix d'abonnement : Paris et départements, 15 fr. Étranger, 17 fr.

E. Motte

ISSOUDUN. — IMP. TYP. ET LITH. E. MOTTE.

www.ingramcontent.com/pod-product-compliance
Lightning Source LLC
Chambersburg PA
CBHW072014290326
41934CB00009BA/2082